D.E.哈丁

論没有頭顱

禪與重新發現那顯而易見的

THE SHOLLOND TRUST

論沒有頭顱

作者：哈丁
D. E. HARDING
譯者：陳永財
編輯：Tina Wang
出版：The Shollond Trust
87B Cazenove Road, London N166BB, UK
UK charity 1059551
headexchange@gn.apc.org
www.headless.org
ISBN: 978-1-914316-60-9

論沒有頭顱：禪與重新發現那顯而易見的

ON HAVING NO HEAD

Zen and the Rediscovery of the Obvious

目錄
CONTENTS

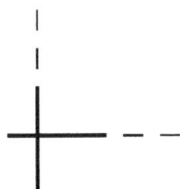

序

　　道格拉斯・哈丁（Douglas Harding, 1909-2007）是撰寫靈性和哲學書籍的英國作家。《論沒有頭顱》（On Having No Head）最初在1961年出版，很快便成爲了關于靈性的經典著作。

　　這本書的核心問題是："我是誰？"哈丁對這個古老問題的回應絕對是現代的。這個回應基於一個科學觀察：你的身份倚靠觀察者的範圍。其他人在幾公尺以外看見你是誰——在那個距離中，你以人的身份出現。但在零距離時，你是誰？在自己的經驗中，從你的角度看，你是誰？換句話說，你實際上是誰？在這本書中，哈丁邀請你自行尋找，發現關於你自己一個驚人而美妙的真理，這真理有轉化生命的潛力。

　　這是一種現代的進路，但正如你將會看到，這進路與世上所有偉大的靈性傳統和應。

理察德・朗
Richard Lang

假設有個人突然出現，用刀斬下你的頭！

——惠忠（HUI-CHUNG）

斬你自己的頭！…將你的整個身體融入視覺：
成爲看見，看見，看見！

——魯米（Rumi）

我的靈魂被帶走，通常我的頭也是，而我不能阻止。

——聖德蘭（St. Teresa）

以空無遮蓋你的胸部，并將不存在之長袍拉到你
頭上。

——阿塔爾（Attar）

全然獻出你自己…即使必須獻出頭顱本身，你爲甚
麼要爲它哭泣？

——卡比爾（Kabir）

看進空無——這才是真的看見，永恒的看見。

——神會（SHEN-HUI）

①真正的看見

ON HAVING NO HEAD

我生平最好的一天——可以說是我的重生日——是當我發現自己没有頭時。這不是文學性的開場白，設計來不惜一切代價引起人們興趣的妙語。我是完全認真的：我没有頭。

我是在三十三歲時有了這個發現的。雖然它確實是突如其來的，但却是對一個緊迫問題的回應；我已經長達幾個月都在思考一個問題：我是什麼？（What am I?）事實上，當時我正行走在喜馬拉雅山脈，這可能與此無關；盡管據說在那樣的地方，不尋常的心境更容易出現。無論怎樣，那是很平静、晴朗的一天，我站在朦朧的藍色山谷的山脊，眺望世界上最高的山脉，這個環境配得上最偉大的异象。

實際發生的事情簡單和平凡得有點荒謬：就在那一

刻，我停止思考。理性、想象和所有心裏的喋喋不休都
静止了。那一刻，語言真的失效了。我忘記了自己的名
字、我的人性、我的物性，所有可以稱爲我或屬于我的
東西。過去和未來都離開了。彷彿我在那一刻剛剛出
生，全新、無意識、没有任何記憶。衹存在當下，那一
刻以及其中清晰呈現的一切。觀看已經足够。我發現的
是卡其色褲管，向下終結于一雙棕色的鞋子，卡其色的
衣袖在兩旁終結于一雙粉紅色的手，以及一個卡其色襯衫
前襟向上終結于——完全什麽也没有！肯定不是一個頭。

我立即留意到這空無，這個本來應該有個頭的洞并
不是普通的空缺，不僅僅是空無。相反，那裏填得很
滿。它是一個巨大的空無，却充滿了萬物，一個無有，
但却有空間容納一切——有空間容納青草、樹木、遠處
陰暗的小山，以及在它們上方的遠處的雪峰，像一排棱

角分明的雲朵漂浮在藍天上。我失去了頭顱，但却得到
了整個世界。

那完全是，毫不誇張地説，激動人心的。我似乎完
全停止了呼吸，沉浸在所見之中。就在那裏，這絕妙的
景色，在清新的空氣中閃閃發光，單獨而且没有依托，
神秘地懸于空無中，而且（這是真正的奇迹，那美妙和
喜悦）完全没有"我"，不受任何觀察者玷污。它的完
全在場是我的完全缺席——包括身體和靈魂。比空氣更
輕，比玻璃更清澈，完全脱離我自己，我無處可尋。

但縱使這個异象神奇和异樣，但它不是夢境，不是
深奧的啓示。剛好相反：它好像是從日常生活的睡眠中
突然醒來，結束了夢境。那是自發光的現實，一次過掃
清被遮蔽的心靈。那是終于來到，那完全明顯的啓示。
那是混亂的生命史中一個清醒的時刻。那是停止忽略一
些（至少從童年早期開始）我一直因爲太忙或太聰明或
太害怕而看不見的東西。那是赤裸裸、不帶批判地留意
一直正眼看着我的東西——我的完全没有臉孔。簡單來
説，那是非常簡單、清楚和直截了當的，無可辯駁，也
毋須思考和言語。没有問題浮現，没有超出體驗本身的
參考，祇有和平及安静的喜樂，以及放下了一個不能忍
受的擔子的感覺。

認爲人有一個與靈魂不同的身體的觀念必須被消除；
我將通過……融化表面的假象，展示隱藏的無限來實現
這一點。

布萊克（Blake）

"我想我會去見她，" 艾麗斯説……"你不可能那樣
做，" 玫瑰説。"我會建議你走另一邊。" 艾麗斯感到這
是胡説八道，所以她什麼也不説，而是立刻走向紅女王那
裏。令她驚訝的是，她很快便看不見女王。

《鏡中奇遇記》（Through the Looking Glass）

身爲漂亮的人，我不是明星；
有其他人比我好看得多，
但我的臉孔-我不介意
因爲我在它後面；
受到刺激的是前面的人。

摘自伍德羅·威爾遜（Woodrow Wilson）

②使看見成爲有意義的
ON HAVING NO HEAD

　　隨着我在喜馬拉雅山的發現那最初的驚嘆開始消退，我開始用以下類似的話來向自己描述那經驗。不知何故，我以前模糊地認爲自己居住在這個身體的房子裏，透過它那兩扇小圓窗看外面的世界。現在我發覺完全不是這回事。我凝視遠處時，此刻有什麼可以告訴我，我這裏有多少衹眼睛——兩衹，或三衹，或百千衹，或一衹也沒有？事實上，在我的正面這一邊，衹有一扇窗，而它是大開，無框和巨大的，沒有人從那裏向外望。總是另一個人有眼睛和臉孔作爲框架；從來都不是這個人。

　　于是，存在兩種——兩種截然不同的——人類。第一種，我注意到無數樣本，明顯在肩膀上有一個頭（而所謂"頭"，我指一個不透明、有顏色和有頭發的八英寸球體，上面有不同的洞）；而第二種，我祇留意到一個樣本，肩膀上明顯沒有這種東西。而在現在之前，我都忽略了這個顯著的差异！我曾經長時間瘋狂，一生都有幻覺（而所謂"幻覺"，我指的是我的辭典所説：明顯感知到一件實際上不存在的對象），我總是好像其他人那樣看自己，肯定從没有視自己爲被斬首但仍然活着的兩脚動物。

　　我一直對那總是存在的、没有它我確實是盲目的東西視而不見——這個奇妙的頭部替代物，這無限的清晰，這光明且絕對純净的空無，它不僅包含了所有提供的東西，而且本身就是一切。因爲，無論我多麽小心地留意，我在這裏甚至找不到一個空白的屏幕，在上面投射這些高山、太陽和天空，或者一面清晰的鏡子，在其中反映出這些東西，或者一塊透明透鏡或光圈，讓人透過它們觀看這些東西——更不要説一個人，藉以向他呈現這些東西，或者一個觀衆（無論多麽模糊），是可以從這景色區分出來的。没有什麽介入，甚至没有稱爲"距離"這莫名其妙和難以捉摸的障礙：那明顯没有界限的藍天，有粉紅色邊的白雪，草那閃閃發光的緑——

這些怎能是遙遠的，當没有什麼要距離遙遠的？這裏的無頭的空無拒絕一切定義和位置：它不是圓的，小的，或大的，甚至不是這裏與那裏的區別。（而即使這裏有個頭，可以從它向外量度，那由本身伸展到那山頂的測量杆，在端對端地閱讀時——而我没有其他方法閱讀——縮小到一個點，到什麼也没有。）事實上，這些有色的形狀以全然的簡單呈現出來，没有任何好像近或遠，此或彼，我的或不是我的，被我看見或祇是給定這樣的復雜性。所有雙重性——所有主體和客體的二元性——都消失了：它不再被讀進一個没有空間給它的情況。

　　這些就是在那次異象之後的想法。不過，嘗試用這些或其他用語記下第一手的即時經驗，便是借着將簡單的事情復雜化而歪曲它：事實上，事後檢視拖得越長時間，便越遠離活生生的原初樣貌。充其量，這些描述可以提醒個人那種異象（没有那明亮的意識），或者邀請它再現；但它們不再能够傳遞它重要的本質，也不能確保重現，就像最誘人的菜單無法嘗起來像晚餐，或者關于幽默的最好的書籍不能讓人明白笑話一樣。另一方面，我們不可能長時間停止思想，因此嘗試將個人生命中的清晰間隔聯系到那混亂的背景是無可避免的。這樣也可以間接鼓勵明晰的再現。

　　無論如何，有幾個基于常識的反對，是不能再被推遲，這些問題堅持要得到合乎理性的答案，無論怎樣没有定論。個人變得需要"證明"自己的異象，甚至對自己也需要這樣；個人的朋友也可能需要得到安慰。從某種意義上說，這個馴化的嘗試是荒謬的，因爲對好像聽到中央C或嘗到草莓醬一樣清楚和不容反駁的經驗，没有任何爭辯可以增加或減少什麼。不過，從另一個意義來說，這嘗試是必須的，如果不想讓自己的生活分裂成兩個完全陌生、思想封閉的部分。

*****

　　我的第一個反對意見是：我的頭可能不見了，但鼻子還在。它在這裏，無論我去哪裏，它都明顯在我前面。而我的回答是：如果這模糊、粉紅色、但完全透明的雲懸在我右邊，而這另一片相似的雲懸在我左邊，而它們是我的鼻子，那麼我便數到它們有兩個而不是一個；而我在你臉中間那麼清楚地看到那完全不透明的單一凸起物并不是鼻子：祇有無望地不誠實或迷惘的觀察

· 11 ·

者才會故意用同一個名稱來描述如此完全不同的東西。
我寧願依從我的辭典和慣常用法，這迫使我說，雖然幾
乎所有人類都有一個鼻子，但我没有。

　　盡管如此，如果某個誤入歧途的懷疑論者，過分熱
衷于提出自己的觀點，要從這個方向出發，以這兩片粉
紅色的雲團的中間爲目標，結果肯定會好像我擁有最堅
硬和被猛擊的鼻子一樣不愉快。同樣，這微妙的張力、
運動、壓力、痕癢、呵癢、疼痛、溫暖和悸動，從没有
完全離開這中央地帶的復合體又怎樣呢？最重要的是，
當我用手在這裏探索時，這些觸覺感受又如何呢？這些
發現無疑構成了我此時此地確實存在頭部的有力證據，
不是嗎？

　　我發覺他們没有做這種事。無疑這裏明確給予多種
感覺，不能忽略，但它們不算是頭顱，或者任何像頭顱
的東西。惟一可以從中生出一個頭顱的方法是加入各種
這裏明顯没有的成份——特別是各種三維、有顏色的形
狀。雖然有無數感覺，但却被觀察到没有眼睛、耳朵、
嘴巴、頭髮和事實上其他被視爲頭顱的身體構造都擁有
的，是一種怎樣的頭顱？清楚的事實是，這個地方必須
保持清晰，避免任何可能模糊我宇宙的輕微霧氣或顏

色。

　無論如何，我開始四處走去尋找我失去的頭顱時，我不僅沒有在這裏找到，而且還失去我在探索的手：我的手也被吞噬在我存在的中心深淵中。很明顯，這個在打哈欠的洞穴，我所有運作所在的這個空置基地，這個我以前以爲我放着我的頭顱的神奇地方，實際上更像是一個如此猛烈的信標火焰，所有接近它的東西都會被瞬間徹底吞噬，以致它那照亮世界的光輝和明晰永遠都不會有一刻被遮蔽。至于這些潛伏着的疼痛和痕癢等等，它們不能熄滅或掩蓋這中心的明亮，正如這些高山和白雲和天空無法做到一樣。剛剛相反，它們都在它的閃耀中存在，而透過它們，人們也看到它在閃耀。現時的經驗，無論運用什麼感官，都祇在一個空無和缺席的頭顱中發生。因爲此時此刻，我的世界和我的頭是不相容的：它們不會混和。這雙肩膀上沒有同時容納兩者的空間，幸好是我的頭和它的一切構造要離開。這不是關乎論證，或者哲學上的敏銳，或者令自己進入某個狀態，而祇是簡單地看見——看誰在這裏，而不是想象誰在這裏，也不是接受所有其他人説誰在這裏。如果我不能看到我是誰（還有特別是我不是誰），那是因爲我太忙于想象，太"屬靈"，太成年和有所知，太輕信，太受社會和語言的威脅，太害怕那明顯的，以致不能按我此刻發現的真實情況接受它。祇有我能够報告這裏有什麼。我需要的是一種警覺的天真。要承認本身的完美空無，需要一祇純真的眼睛和一個空無的頭顱（更不要提一個堅强的心了）。

******

很可能唯一可以説服仍然説我這裏有個頭顱的懷疑論者的方法是，邀請他來這裏，自己親自看一看。但他必須是誠實的記者，祇描述他觀察到的事情。

由房間另一端開始，他看見我是一個有標準高度，有一個頭的男人。但在他走近時，他看見半個人，然後是一個頭，然後是模糊的面頰、眼睛或鼻子，然後祇是模糊，最後（在接觸點）什麼也没有。或者，如果他剛好有所需科學儀器，他會報告説模糊的影像分解成組織，然後是細胞群，然後是一個細胞，一個細胞核，巨大的分子……諸如此類，直到他來到一個地方，什麼也看不見，一個没有任何固體或物質物體的空間。無論怎樣，來這裏看實際上是怎樣的觀察者也發現我在這裏發

現的情況——空缺。而如果他也和我一樣在這裏發現了
非實體，他會轉身（和我一起向外看，而不是向內看着
我），會再次發現我所發現的這個空缺充滿那場景。他
也會發現這中心點爆發成無限的體積，這無有變成所
有，這個這裏變成所有地方。

　　而如果這位心存懷疑的觀察者仍然懷疑自己的感
官，他可能嘗試改爲使用他的照相機——這個裝備沒有
記憶和預期，祇會記錄它剛好所在的地方所包含的東
西。它記錄了關于我的相同印象。在那裏，它拍到一個
男人：在中途則有一個男人的點點滴滴：在這裏沒有男
人，什麼也沒有——或者指向另一邊時，是他的世界。

＊＊＊＊＊＊

　　因此這個頭不是頭，而是一個錯誤的想法。如果我
仍然可以在這裏找到它，我便是"看見一些東西"，應
該立即去看醫生。無論我找到的是我的頭，或拿破侖的
頭，或聖母瑪利亞的頭，或一祇煎蛋，或一束漂亮的
花，都沒有多大分別：有任何頭飾都是一種妄想。

　　不過，在我清醒的間隔，我在這裏明顯沒有頭。另
一方面，在那裏，我顯然遠非無頭：實際上，我的頭多

· 15 ·

到我不知道怎樣處理。無論是隱藏在觀察我的人和照相機裏面，在相框上展示出來，在擦過的鏡子後面做鬼臉，從門把手和湯匙和咖啡壺和任何能够接受抛光的東西向外凝視，我的頭都總會出現——雖然或多或少縮小和扭曲了，後面扭到前面，反轉過來，通常是倒置的，并且無限地倍增。

但有一個地方是我的頭不能出現的，那就是我的肩膀上面，因爲它會遮住這個中央空洞，而這個空洞正是我的生命源泉：幸運的是，没有什麽能做到這一點。事實上，這些鬆散的頭顱永遠最多衹是那"外在"或現象世界暫時和没有特權的偶然，雖然是有中心的本質，却絲毫不影響它。事實上，我的頭在鏡中是那麽没有特權，以致我不必然視它爲屬于我的：當我年紀很小時，我在鏡中認不出自己，現在當我有某一刻重拾我失落了的純真時，我也認不出自己。在我比較清醒的時刻，我看到那裏那個男人，那個太熟悉的人，他居住在鏡子後面的另一個浴室裏，而且似乎所有時間都在凝視這間浴室—那細小、乏味、受限、具體化、老化和那麼脆弱的凝視者——在每一方面都與這裏這個真我相反。我從來都衹是這個不老、無量、清醒和完全沒有瑕疵的空無：我會混淆那裏那個在凝視的幽靈和我清楚看見此時此地一直都在的自己，這是無法想象的！

****

盡管這一切在第一手經驗中顯得如此清晰，却仍然顯得極其矛盾，挑戰常識。這是否也挑戰了科學，科學被認爲衹是稍微整理過的常識？無論怎樣，關于我怎會看到一些東西（例如你的頭），但又看不見其他東西（例如我的頭），科學家有他自己的故事：而他的故事明顯行得通。問題是：他可以將我的頭放回到我的肩膀上，也就是人們告訴我它應該出現的地方嗎？

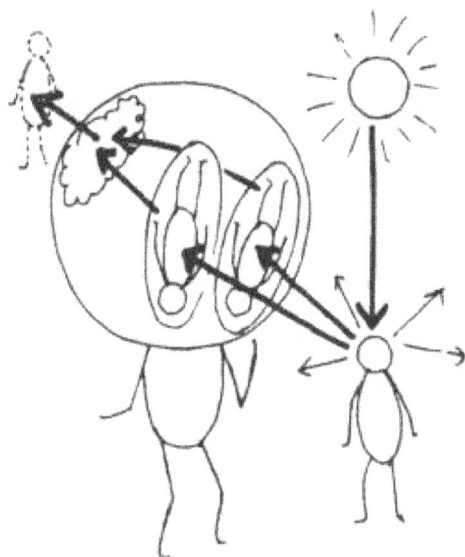

　　簡而言之，他關于我怎樣看你的故事大概是這樣
的。光離開了太陽，八分鐘後去到你的身體。而你的身
體吸收了一部分光。其餘的光彈到不同方向，其中一部
分來到我的眼睛，經過晶狀體，在我眼球後面的屏幕形
成一個倒轉的你的影像。這影像在那裏的光敏感的物質
中引起化學改變，這些改變幹擾造成屏幕的細胞（它們
是細小的生物）。它們將刺激傳到其他很長的細胞；這
些細胞再將刺激傳到我腦中某個區域。祇有在到達這個

終點，這些腦細胞的分子、原子和粒子受到影響時，我才看見你或其他東西。其他感官也是這樣；在匯合的刺激在最劇烈的改變和延遲後到達這中心前，我看不見什麼，聽不見什麼，嗅不到什麼，嘗不到什麼，也感覺不到什麼。祇有在這終站，一切都到達我此時此地的大中央車站，整個交通系統——我稱爲我的宇宙——才涌現出來。對我來說，這是一切創造的時間和地點。

關于科學這個平淡的故事，有很多古怪的事情，是離常識無限遠的。而當中最古怪的是，故事的結束抵消了故事的其餘部分。因爲它說我可以知道的祇是在這腦部終端，我的世界奇迹般地得到創造的此時此地發生什麼事。我沒有方法找出在其他地方發生什麼事——在我頭部的其他區域，在我雙眼中，外面的世界——如果真的有其他地方，有一個外面的世界的話。令人清醒的真相是，我的身體和你的身體，以及地上的其他一切，還有宇宙本身——彷彿它們可能在外面，在本身和本身的空間中，獨立于我地存在——都祇是虛構，不值得再想。沒有也不可能有證據顯示有兩個平行世界（一個不可知的外在或物質世界，加上這裏一個已知的内在或精神世界，神秘地復制那個外在世界），但祇有總是在我面前的這一個世界，而在其中我找不到思想和物質，裏面和外面，靈魂和身體的區分。它就是被觀察到的那樣，不多也不少，而這正是這個中心的爆發——這個"我"或"我的意識"應該位于的終點——這種爆發足够强大，能够擴展并成爲現在在我面前的這個無限場景，這個場景就是我。

簡而言之，科學家的感知故事不僅没有與我天真的故事相矛盾，反而證實了它。暫時且常識性地，他將一個頭放在我肩膀上，但那個頭很快便被宇宙趕走。將我視爲"一個有頭的普通人"的常識或非悖論觀點根本行不通。一旦我稍爲細心地檢視它，便發現它根本是胡説八道。

****

不過（我告訴自己）它在每天的實際目的方面似乎運作得足够好。我繼續下去，彷佛懸在這裏，垂挂在我宇宙中間，一個八英尺的堅硬球體真的存在。我也傾向補充説，在我們所有人居住的這個不追根究底且真正頑固的世界裏，這種明顯的荒謬是無法避免的：它無疑是一個如此方便的虛構，以至于它可能就是簡單的事實。

事實上，它一直都是謊言，而且往往是不方便的謊言：它甚至可以令人損失金錢。考慮一下廣告設計師——沒有人會指責他狂熱地追求真理。他的工作是說服我，而最有效的方法之一就是讓我以真實的樣子進入畫面。因此，他必須把我的頭排除在外。

他沒有展示另一種人——有頭的那一個——將一衹玻璃杯或一枝烟提到嘴巴，而是展示我這種人這樣做：這衹右手（在圖片右下角以剛好正確的角度拿着，而且幾乎是沒有手臂）將一衹玻璃杯或一枝烟提到——這個沒有嘴的、張開的空洞。這個人實際上不是陌生人，而

是我自己，正如我在自己眼中一樣。我幾乎無可避免地
參與其中。難怪這些身體的點點滴滴在圖畫的角落出
現，沒有一個頭顱在中間的控制機制去連結或操作它
們——難怪在我看來它們完全自然：我從沒有其他類
型！而那個廣告人的現實主義，他對我實際是誰那非常
識的工作知識明顯有回報：我的頭離開時，我的銷售阻
力也傾向跟從。（不過，也有限制：例如，他不大可能
展示玻璃杯或烟上面的一朵粉紅色的雲，因爲我無論如
何也提供了那一點現實主義。給我另一個透明的鼻影是
沒有意義的。）

電影導演也是實際的人，他們更感興趣的是對體驗
的生動再現，而不是辨別體驗者的本質；但事實上，其
中一方涉及一點另外一方。當然，這些專家十分清楚
（例如）與我對看見一部明顯由我駕駛的汽車的反應相
比，我對看見一部明顯由別人駕駛的汽車的反應是多麼
無力。在看見別人駕車時，我是人行道上的旁觀者，觀
察兩部相似的汽車很快地靠近，相撞，令司機死去，燃
燒起來——而我祇是感興趣。在看見我自己駕車時，我
是其中一個司機——當然好像所有第一人稱司機一樣沒
有頭，而我的汽車（它擁有的祇有很少）是固定的。這

裹是我在搖晃的膝蓋，我一祇脚用力踏着加速器，我雙手與方向盤搏鬥，長長的引擎蓋在前面傾斜，電綫杆呼嘯而過，那條路蜿蜒來去；而另一部車，起初很細小，但變得越來越大，直接駛向我，然後是那碰撞，强大的閃光，以及空無的沉寂……我倒回我的座位，恢復呼吸。我被帶去兜風。

這些第一人稱的序列怎樣拍攝呢？有兩個可能的方法：要麼是拍攝一個沒有頭的假人，頭的位置有一個攝影機；或者拍攝一個真人，他的頭放到很遠或一旁，給攝影機留位置。換句話說，爲了讓我可以與演員認同，他的頭必須被移開：他必須是我這種人。因爲一張有個頭的人的照片完全不像：那是別人的肖像，一個錯誤身份的個案。

實在奇怪，有人去找廣告人，藉以一瞥關于自己最深刻——和最簡單——的事實；好像攝影機這種精密的現代發明應該有助除去小童和動物都沒有的錯覺，這也是奇怪的。但在其他時代，還有其他同樣奇特的指示物指向十分明顯的事情，而我們人類自我欺騙的能力顯然從未完全消失。深刻但暗淡地意識到人類的狀況，可以解釋很多古老迷信和傳説的流行，這些迷信和傳説是關于鬆脱并飛行的頭，或者單眼或無頭的怪物和鬼魂，没有頭的人類身體，以及在被斬頭後走很多裏路的殉道者——這些無疑是夢幻般的圖畫，但比常識更接近這個人的真實畫像，即第一人稱單數，現在時的真實肖像。

****

因此，我在喜馬拉雅山的經歷不單是詩意的幻想或虛無飄渺的神秘飛行。在每一方面，它原來都是清醒的現實主義。而漸漸地，在隨後的年月，它的實際含義和應用，它轉化生命的後果才讓我全面看到。

例如，我看到在兩方面，這新異象必定要將我的屬性轉移到其他人那裏，實際上更要轉移到所有受造物。首先，因爲它消除了對抗。遇到你時，對我來說祇有一張面孔——就是你的——而我永遠都不能與你面對面。事實上，我們交換面孔，而這是最寶貴和親密的交換外表。第二，因爲它給我對現實的完美洞見，那現實是在你的外表背後，那讓我看到你，正如你對你自己來說是怎樣，我有充分的理由對你充滿敬意。因爲我必須相信，對我來說是真實的，對所有人也是真實的；我們都在同一個狀態之中——化約成無頭的空無，化約成無

有，讓我們可以包含和成爲一切。我在街上經過的那個
細小、有頭、看起來牢固的人——那個是從來都經不起
仔細檢查的幻影，嚴重偽裝的，是那眞實的一個會走路
的對立和矛盾，這眞實的有無限的範圍和内容：而我對
那人的尊重，正如我對每個活物的尊重，也應該是無限
的。他的價值和輝煌不能被高估。現在我準確知道他是
誰，以及怎樣對待他。

事實上，他（或她）是我自己。我們每人都有個頭
時，很明顯我們是兩個人。但現在我們是無頭的空無；
有什麼將我們分開？我找不到包圍我這個空無的外殼，
我沒有形狀或界限或限制：因此它祗能與其他空無融
合。

關于這融合，我就是我自己最好的樣本。我不懷疑
科學家説的，從他那裏觀察，我有一個清楚界定的頭
顱，包含一個巨大的等級，有好像器官、細胞和分子等
清楚界定的部分———一個有物質事物和過程，不能窮盡
的復雜世界。但我剛好知道（或者就是）這個世界和它
的每個居民的内在故事，而這完全與外部故事相矛盾。
在這裏，這個偌大群體的每個成員，從我的頭顱本身最
細小的粒子，都好像陽光中的黑暗一樣消失了。没有外

人有資格代表它們說話：衹有我可以這樣做，所以我發誓它們全都是清醒、簡單、空無和統一的，沒有任何分裂的痕迹。

如果我的頭顱是這樣，我視爲"我自己"和"這裏"的一切也同樣是這樣——簡單來說，這整個身體-思想都是這樣。在我這裏，現在這個時候（我問自己），實際上是怎樣的？我是否困在馬可·奧勒留（Marcus Aurelius）所說的這袋血和腐敗中（而我們可能稱爲這個行走的動物園，或細胞-城市，或化學工廠，或粒子雲），還是我被它拒之門外？我是否一生嵌入一個固體、人形的塊體（大約六英尺乘二乘一）中，還是在那塊體外面，或許同時在它裏面和外面？事實是：事情完全不是這樣。這裏沒有阻礙，沒有裏面或外面，沒有空間或缺乏空間，沒有藏身之處或庇護所：我在這裏找不到可以居住，或鎖上不能進入的家，也沒有一寸土地可以在其上興建這個家。但這無家完全適合我——空無不需要有房子。簡單來說，這種物理秩序的事物，表面和在遠處看來是那麽結實，實際上總是易溶的，在真正仔細檢查時沒有任何殘留。

我發現這不僅適用于我的人類身體，也適用于我的整體身體，即宇宙本身。（甚至從外部觀察者的觀點來看，這些實體之間的區分也是人爲的：這個身體在功能上是那麼與其他一切聯合，那麼倚靠它的環境，單憑它本身是不存在且不可思議；事實上，除了作爲那個唯一存在的、獨立的、因此真正活着的整體身體，沒有任何生物能存活片刻。）我承擔多少這個整體身體，取決于具體情況，但我會自動感受到我需要的部分。因此，我可以完全輕鬆地先後與我的頭、我六尺高的身體、我的家庭、我的國家、我的星球和太陽系（當我想象它們受到其他人威脅時）等等認同，而不曾遇到任何限制或障礙。而無論我暫時的體現是多麼大或多麼小——這個我稱之爲“我的”并認爲在這裏的世界的一部分，我現在思想和感受的這部分，我用來支持自己的這部分，我采納了其觀點的這部分，我設身處地進入的這部分——它無可避免地原來是空無，本身什麼也沒有。所有表象背後的現實是清醒、開放和全然可以接觸的。我知道怎樣進出每個生物内心深處的秘密，無論對外人來説那似乎多麼遙遠或討厭，因爲我們都是一個身體（Body），而那個身體是一個空無（Void）。

　　而那空無就是這空無，完整不能分開，沒有分出去或拆開成我的、你的和他們的，它的一切都存在于此時此地。這一點，這個我的觀察站，這特定的"應該有個頭的洞"——這是一切存在的根基和容器，作爲物質或現象世界出現的一切（投射"到那裏"時）的唯一來源，那唯一、無限的、有繁殖力的子宮，一切生物都從那裏出生，也回到那裏。它是絕對的無，但又是萬物；是唯一的現實，但又是缺席者。它是我的自我。没有任何其他東西。我是所有人，也是無人，且獨自一人。

靈魂現在對身體再沒有進一步的意識，也不會給她自
己外來的名字，不是男人，不是活人，也完全不是任何東
西。

普羅提諾（Plotinus）

聖人將身體拋弃得像尸體一樣遠，再也不依附于它。

商羯羅（Sankara）

如果睁開眼睛尋找身體，便再也不能找到它。這稱
爲：在空間中它生出光。裏面和外面，一切都同等是光。
那是一個非常好的兆頭。

《太乙金華宗旨》

發誓要實現完美的理解，明白虛幻的身體如露亦如電。

虛雲禪師（1959年圓寂前）

3 / ONHAVING NO HEAD
發現禪

在我最初體驗到無頭狀態後的幾個月和幾年裏，我努力嘗試明白它，我已經簡略地講述了那結果。在這段時間，那異象本身的性質沒有改變，雖然它傾向在我發出邀請時更容易來到，而且會停留更長時間。然而，它的運作方式和意義隨着時間的發展而發展，當然也受到了我閱讀的影響。我肯定在書籍中找到一些幫助和鼓勵，包括科學、哲學和宗教書籍。特別是，我發現一些密契主義者似乎看到了并重視我在這裏看到的自己。

另一方面，討論幾乎總是毫無成果。"當然，我看不到我的頭，"我的朋友們會說。"那又怎樣？"而我愚蠢地開始回答："所以一切！所以你和整個世界都被顛倒了……"這没有用。我無法以一種讓聽者感興趣的方式描述我的經歷，也無法向他們傳達其質量或意義。

他們真的不知道我在說什麼——對雙方來說，這都是令人尷尬的情況。這裏有些非常明顯、十分重要的事情，帶來純粹和驚人的喜悦的啓示——但祇是對我而不是任何其他人來說！當有人開始看見其他人看不見的事情時，別人會感到驚訝，甚至會去找醫生。我的情況也相當相似，唯一不同是我看不見東西。一些孤單和挫敗是無可避免的。這一定是真正的瘋子的感覺（我以爲）——與人隔絕，不能溝通。

另外一個引致沮喪的原因是，在我的同伴中，往往是比較有文化和聰明的人似乎尤其不明白：彷彿無頭是一種幼稚的偏差，好像吮拇指一樣，是早應該因爲長大而放弃并忘記的。至于作家，他們一些最出色的人甚至告訴我，我瘋了——要不就是他們自己瘋了。切斯特頓（Chesterton）在《諾丁山的拿破侖》（The Napoleon of Notting Hill）中以極致的荒謬結束他那張科學奇迹的反諷清單：沒有頭的人！偉大的哲學家笛卡爾（Descartes）（被公認爲偉大，因爲他以提問已經清楚給定的事情開始他那革命性的探究）走得好一點：他實際上開始他那張確定事物的清單——那些是"真實，因爲由感官感知"——時提出一個驚人的宣告："首先，我感知到我有一個頭。"甚至街上那個應該更清楚的人也說一些特別明顯的事情："噢，那好像你臉上的鼻子一樣明顯！＂世界上有那麼多明顯的東西他可以選擇，而他却選擇了鼻子！

　　我仍然選擇我自己感官的證據而不是這一切道聽途説。如果這是瘋狂，至少它不是二手的瘋狂。無論如何，我從没有懷疑，我看到的就是密契主義者看到的。唯一古怪的事情是似乎很少有人以這種方式看待它。大部分靈性生命的大師都似乎＂保留了他們的頭＂；或者如果不是這樣，也很少人以爲失去頭顱是值得提及的。就我能够發現的來説，他們肯定没有一個將實踐無頭性包含到任何靈性操練的課程中。爲什麼一個這樣明顯的指標，這樣有説服力和一直存在地示範無有，是靈性領袖在宣告時從不厭煩的，却被如此忽視？畢竟，這顯而易見；無法逃避。如果有什麼東西打在你臉上，就是這個。我感到困惑：甚至有時感到沮喪。

　　然後——遲來總比不來好——我偶然發現了禪。

****

　　佛教禪宗以困難聞名——對西方人來説幾乎困難得不可能。因爲這個原因，西方人經常受到勸告，祇要能够，最好繼續守着他們自己的宗教傳統。我自己的經驗却剛好相反。經過超過十年在其他地方搜尋，而且很大

· 32 ·

程度上毫無成果後，我終于在禪師的文字中找到很多呼應我生命中那中心經驗的事情：他們說着我的語言，我的情況。我發現很多這些大師不單失去他們的頭（正如我們都是那樣），更清楚意識到他們的狀況，以及它的重大意義，并運用所有手段令他們的門徒也有同樣的覺悟。讓我提供幾個例子。

著名的《心經》總結了大乘佛教的精髓，在禪宗的寺院中每天都有人背誦。《心經》開始時說身體衹是空無，宣稱没有眼，没有耳，没有鼻。可以理解的是，這個大膽的宣告令年青的洞山（807–869）感到迷惑；他的老師不是禪師，也不大能够理解。這個學生細心地研究他的老師，然後以自己的手指探索自己的臉孔。他抗議道：“你有一雙眼和兩衹耳朵，還有其他部分；我也是這樣。爲什麼佛陀告訴我們没有這些東西？”他的老師回答說：“我幫不到你。你一定要接受禪師的訓練。”他離開了，并接受了這個建議。不過，他的問題仍然得不到解答，直到多年之後，當他走出去，向下望向一池死水時。在那裏他發現佛陀談及的人類特徵——在它們所屬的位置，在他總是保存着他們的位置展示出來：在一段距離以外，這個地方永遠都變得透明，永遠都清除了它們，正如其餘一切一樣。這個最簡單的發現——這個完全明顯的啓示——原來就是洞山尋覓了那

麼久的重要覺悟，這令他不單自己也成爲著名的禪師，
而且更創立了曹洞宗，今天它是禪宗最大的宗派。

　　這事件之前大約一個世紀，禪宗六祖惠能（637-
712）就同一課題提出他著名的勸告。惠能建議明師兄停
止所有渴望和思考，祇要看。"看在這一刻你的臉是怎
樣的——在你（事實上也是在你父母）出生前的這張
臉。"據記載説，這樣明便在自己裏面發現萬物的基本
源頭，而在那之前他一直都在外面找尋。現在他明白整
件事，發現自己泪流滿臉，渾身都流着汗。他向六祖敬
禮，問他還有什麼秘密有待發現。惠能回答説："在我
向你顯示的當中，沒有隱藏什麼。如果你向裏面看，并
認出你自己的'本相'，一切秘密都在你裏面。"

　　惠能的本相（沒有臉，什麼也沒有）是最著名的禪
宗公案，對很多人來説也是最有幫助的公案：在多個世
紀以來的中國，據説它非常有效地指向開悟。事實上，
根據大燈國師（1281-1337），禪宗的1,700個公案，全
都祇是指向我們原來毫無特色的臉孔。關于這臉孔，無
門（十三世紀）説：你不能描述或繪畫它：[1]

[1.] 但你可以在繪畫中顯示它——看本書第一章的繪畫——或者應該是
　　繪畫外面，看它沒有什麼。

你無法對它給予足夠的讚美，也無法感知它。

不能找到任何地方，在其中

安放原來的臉孔；

它不會消失，甚至在

宇宙毀滅時。

惠能的其中一個傳人，禪師汕頭（700-790）以稍爲不同的方式表達。他命令説：“放弃你的喉嚨和嘴唇，讓我聽聽你可以説什麽。”一個僧人回答説：“我没有這些東西！”有鼓勵性的回答説：“那你就可以入門了。”與汕頭同代的禪師百丈（720-814）也有一個十分相似的故事。他問其中一個僧人，他怎樣可以没有喉嚨、嘴唇或舌頭而説話。當然是由個人的聲音發出的静默空無——從黄檗（死于850）寫到的空無：“那是無孔不入、一塵不染的美；那是自存和未經創造的絕對。那麽，真正的佛陀没有嘴巴又不傳揚佛法，或者真正的聆聽不需要耳朵，因爲誰會聆聽它，這怎會是供討論的事情？啊，它是無價的寶石。”

爲了幫助實現這種覺悟，據説禪宗初祖菩提達摩（6世紀）曾建議在後腦勺上狠狠敲一錘。大慧（1089-

1163）也同樣不妥協："這件事（禪）就好像一大團火：你走近它時，你的臉肯定會燒焦。它也好像一把快將拔出的劍；一旦它出鞘，一定有人會失去生命…寶貴的金剛劍就在這裏，它的目的是把頭砍下。"事實上，斬頭是禪師和徒弟之間談話的常見課題。例如以下這段九世紀的交流：

龍亞：如果我威脅説要以世上最鋒利的刀斬掉你的頭，你會怎樣做？

禪師將自己的頭拉進去。

龍亞：你的頭掉了！

禪師微笑。

很明顯，禪師和徒弟都没有頭，他們十分了解對方。他們也能够十分了解波斯杰出的伊斯蘭密契主義詩人魯米（Jalalu'l-Din Rumi）（1207-1273）的勸告："斬掉你自己的頭！" "將你整個身體消融到异象中：成爲看見、看見、看見！"

另一位偉大的密契主義詩人，印度的卡比爾（Kabir）（生于1440）説："我從祂那裏學到，没有眼地看，没有耳地聽，没有嘴地喝水。"

　　如果卡比爾沒有眼去看，他怎麼能看到？正如我們已經指出，現代科學本身也同意，我們實際上不是以眼睛來觀看。眼睛祇是由太陽，經過陽光和大氣以及發光的物體，經過眼睛的晶狀體、視網膜和視神經，一直到腦中一個區域的粒子/波浪停留的空間，最終（據說）看見真的發生這一長長的鏈條中的連結。事實上，生理學家越深入探究對象，就越接近主體對自身的直接體驗——空性，這也是唯一的觀察者和聽者，唯一的體驗者。（這并不是説如果他的儀器和技巧夠精細，他便可以借着探究那物體而去到主體那裏：要這樣做他祇需要將注意力轉180度。）這與古老的禪師所説的完全一致。臨濟（死于876）告訴我們：“身體并不知道怎樣交談或聆聽交談⋯⋯這在你身處的地方毫無疑問地可以感知的，絕對能夠識別但又沒有形體的——聆聽交談的就是這個。”在這裏，這位中國的大師和卡比爾及其他人一樣，呼應《楞嚴經》（禪宗之前的一本印度經典），那裏教導説，假設我們以眼睛觀看，或以耳朵聆聽是荒謬的：因爲這些都融合起來，消失進我們“原本明亮和富魅力的臉孔”絕對空性中，以致任何類別的經驗變得可能。

　　更早期，道家的智者莊子（約公元前300年）描繪了一幅令人愉快的圖畫，是關于我這張沒有特徵的臉孔

或這個空無的頭的。他稱它爲"渾沌，中央之帝，"并
將它在這裏的完全空白與外面那些著名的七竅頭對比：
"南海之帝倏與北海之帝忽時相與遇于中央之帝渾沌之
地。渾沌待之甚善。倏與忽謀報渾沌之德。曰：'人皆
有七竅以視聽食息，此獨無有，嘗試鑿之。'日鑿一
竅，七日而渾沌死。"

　　無論我如何煩躁不安，重新嘗試借着將我這人類有
七竅的特性强加給中央之帝，從而試圖謀殺他，我也永
遠不能成功。鏡中那邊的面具永遠不能觸及我這裏原本
的臉孔，更不要説使它變得難看。没有影子可以落在渾
沌上面，他是没有身體和永恒的君王。

****

　　但爲什麽要這樣强調臉孔和頭顱，而不是作爲整體
的身體消失？答案是人類可以清楚看到的。（鰐魚和蟹
會講述不同的故事！）對在這裏的我來説，有那些感官
的臉孔剛好是頗爲特別的，它總是缺席，總是被吸進這
個是我的巨大空無中；而我的軀幹、手臂和腿有時則同
樣地被吸收，有時則不是這樣。現的空白包括和排除多
少并不重要：因爲無論它照顧的有限對象的範圍和重要
性怎樣，它都是無限地空無和無限地巨大的。無論它在

消融我的頭（正如我向下望時），還是我的人類身體（正如我向外看時），或者我的大地身體（正如我在戶外向上望時），或者我的宇宙身體（正如我閉上眼時），都沒有真正的分別。那裏的一切，無論多麼細小或巨大，在這裏都同樣可以消融，同樣能夠來向我顯示我在這裏是無物。

在文獻中，我們找到關于整個身體消融更雄辯的記述。讓我引述幾個例子。

圓悟（1566-1642）寫到禪："它就呈獻在你的臉上，在此刻整件事都交給你…看進你整個存在…讓你的身體和思想變爲大自然一件沒有生命的對象，好像一塊石頭或一塊木頭；取得完全一動不動和無知無覺的狀態時，所有生命的迹象都會離開，限制的任何痕迹也會消失。沒有任何意念會打擾你的意識，看哪！突然間你會發現一束光，是充滿完全的喜悅的。那就好像在漆黑一片中遇到光；那就好像在貧窮中得到財富。四元五蘊（你整個身體構成）不再感到是負擔；你變得那麼輕盈，那麼從容，那麼自由。你的存在已經從一切限制中釋放出來；你變得開放、輕盈和透明。你對萬物的本質有了啓發性的洞見，現在萬物在你看來好像很多童話般的鮮花，沒有可以抓到的現實。這裏顯現了那質樸的自我，也是你的存在的原來臉孔；這裏赤露地顯示了你出生地最美麗的風景。那裏從頭到尾祇有一條開放而且毫無障礙的直路。在這裏你交出一切——你的身體，你的生命，以及屬于你最内裏自我的一切。你在這裏得到和平、從容、無爲和無法表達的喜悦。"

圓悟提到的那種特别的輕盈也是道家的列子（約公元前400年）經驗到的，那種程度令他似乎是御風而行。他這樣描述那種感覺："内外進矣。而後眼如耳，耳如鼻，鼻如口，無不同也。心凝形釋，骨肉都融；不覺形之所倚，足之所履，隨風東西，猶木葉幹殼。竟不知風乘我邪？我乘風乎？"

十六世紀的禪師憨山提到開悟的人時説，他的身體和心都完全不存在：它們與絕對的空相同。關于他自己的經驗，他寫道："我去散步。突然間，我站着不動，完全明白我没有身體或思想。我祇看見一個巨大、發光的整體——無所不在、完美、清醒和寧静。好像一面無所不包的鏡子，地上的衆山和河流都從它那裏投射出來…我感到清晰和透明。"道元（1200-1253）在一次得釋放的出神中呼喊："思想和身體脱去！脱去！脱去！你們都必須經驗這狀態；這就好像將水果放進一個無底的籃子，好像將水倒進一個有個洞的碗裏。"白隱慧鶴（1685-1768）説："突然間，你發現你的思想和身體都從存在中被抹去。這就是所謂放弃你的執着。你重拾呼吸時，好像飲水而又知道水是冷的。那是無法表達的喜樂。"

在我們這個世紀，鈴木大拙總結道："對禪來説，化身是脱身；肉身是非肉身；此時此地等同空無（sunyata）和無限。" 在禪宗之外，很難找到如此清晰且不帶宗教色彩的陳述。然而，一旦知道該尋找什麼，就可以在其他傳統中找到許多相似之處。這是意料之中的：重要的异象必須超越歷史和地理的偶然。

無可避免地，最相近的類似要在佛教的發源地印度尋找。智者和不二論或絶對非二元論的詮釋者商羯羅（約820年）教導説，一個人不能奢望得到解脱，除非他停止將自己等同于身體，因爲身體祇是源于無知的幻象：他真正的自我好像空間，獨立、純粹、無限。將不真實的身體與這真實的自我混淆是束縛和悲慘的。印度現在仍然有這教義。它近年其中一個最清醒的模範是拉瑪那·馬哈希（Ramana Maharshi, 1879-1950），他會對求問者説："直到現在，你認真的認爲你自己是身體，而且有一個形體。這是原初的無知，也是所有麻煩的根源。"

基督教（雖然正如湯樸大主教（Archbishop
Temple）指出，它是所有偉大宗教中最唯物的）也察覺
到真正的光照必須驅走我們身體那黑暗的不透明，正如
必須驅走我們靈魂那黑暗的不透明一樣。耶穌神秘地
説："你的眼睛若瞭亮，全身就光明。"這瞭亮的眼睛
肯定等同于印度密契主義那寶貴的第三眼，令觀者同時
向内看見自己的空無，并向外看見什麽充滿那空無。同
時，作爲無價的寶石（根據東方傳統），我們四處尋找
它，但它却在我們額頭上，我們都戴着它。

奧古斯丁·貝克（Augustine Baker, 1575–1641）提
到基督教的默觀者時寫道："最後，他來到純粹和完全
的抽象；然後，對他自己來説，他似乎全是靈，他彷彿
没有身體……這種抽象越純粹和越完美，那人越高地升
入完美中。"這是對十四世紀一本密契主義著作《不知
之雲》（The Cloud of Unknowing）一個著名段落的評
論。這本書教導説，生動地意識到我們的不存在是純粹
喜樂的先決條件：因爲"所有人都有傷心的事：但他最
特別地感受到的傷心事是知道和感受到他的存在。"但當
然，這不可或缺的自我不存在是所有基督教密契主義都喜
愛的主題。没有人比聖伯納德（St.Bernard）（1091–
1153）更大膽地描述其兩面性："失去自我，如此被清
空，仿佛幾乎不再存在，這不是僅僅人類的喜悦；這是

天堂的福樂……如果人類的任何東西仍然存在于人內，上帝又如何能'一切中的一切'呢？"

有時，在西方，甚至密契主義者的語言也好像它所描述的東西那樣和禪相似。杰拉克·彼得森（Gerlac Peterson，1378–1411）談及一種"顯示"，是"那麼強烈和有力，以致整個內在的人，不單是他的心，而且是他的身體，都奇妙地移動和震動……他的內在面向變得清晰，沒有任何烏雲。"他屬靈的眼睛睜得大大的。正如莎士比亞（Shakespeare）說，他不再是

對自己最確信的事最無知，

也就是他的明净本質，

因此表現得好像憤怒的猴——他看到它最深的深處，看到現實的透明核心。

我們將注意力放在物質世界時，便不能看透它。我們沒有理會自己的內在知識，我們將自己小小的人類身體視爲不透明的，并與我們的整體身體——宇宙分離，結果宇宙也顯得同樣不透明和分離；因此這宇宙也似乎同樣不透明和分離。不過，我們的一些詩人沒有被（所謂）常識欺騙或愚弄，而是吸收一切，陶醉于它們的透

明當中。裏爾克（Rainer Maria Rilke）寫到他一位已經去世的朋友：

> 因爲這些，這些陰暗的山谷和舞動的草
>
> 以及奔流的溪水，是他的臉孔，

但他没有停在消融人的臉孔和人的身體：他宣告的使命是繼續下去，并"令我們活在其中的地球，因擴展而包括宇宙，變爲看不見，從而將它轉化爲更高層面的現實。"對裏爾克來説，這永遠存在的空無，我們不死的臉孔，是没有邊界的。正如特拉赫恩（Treherne）談到自己：

> 感覺本身就是我。
>
> 我在我的靈魂中感受不到浮渣或物質，
>
> 没有邊緣，没有邊界，就好像在一個碗中
>
> 我們看見。我的本質是容納。

在另一篇更著名的文章中這樣説："你永遠不能正確地享受世界，直到海本身流進你的血管，直到你穿上諸天，并戴上繁星。"

這就是禪宗的悟（satori）的經驗——祇是語言有點差別。在悟那一刻產生了爆炸，人沒有身體，但却有宇宙。破山禪師説：「他感到他的身體和思想，大地和諸天，都融合成一個清澈的整體——純粹、警覺和完全清醒。」

整個大地都祇不過是我的一祇眼睛，

祇是我的照明燈的一點火花。

無數文本告訴我們開悟的人怎樣好像以法術吞噬河流、高山、大海、偌大的世界本身，將它們全部化爲空無，消退到什麼也沒有；然後從這空無中，創造出河流、高山、大海、偌大的世界本身。沒有最輕微的不適，他吞了西川的所有水，然後再將水吐出來。他吸收并取消萬物，然後產生萬物。他視宇宙爲祇是他自己深刻本性的流出，而他的本性本身仍然是沒有玷污、完全透明的。現在他回復到他真正的樣子：作爲存在的中心，從中一切存有都得以顯現。簡單來説，他神化了。在獨特的源頭確立，他呼喊：「我是中心，我是宇宙，我是創造者。」（鈴木大拙）或者：「我是我自己的自我和萬物的由來！」（埃克哈特（Erkhart））在禪宗生動的語言中，癩蝦蟆成了在沙漠咆哮的金毛獅子，自

發、自由、精力充沛、非常自足和獨自一個。終于回家
後，他發現沒有空間容納兩個人。我們自己的特拉赫恩
再次呼應東方的大師，他呼喊說：“街道是我的，神殿
是我的，人民是我的，他們的衣服和金銀都是我的，正
如他們明亮的眼睛、白皙的皮膚和紅潤的臉孔是我的一
樣。諸天是我的，太陽、月亮和星宿也是我的，整個世
界都是我的：我是唯一旁觀和享受這一切的人。”

我稱爲完美的看見，不是看見別人，而是看見自己。

莊子（約公元前三世紀）

看進空無——這是真正的看見，永恒的看見。

神會（八世紀）

知道自己是靈，變成靈，變成一切；
衆神或人都不能阻止他…
衆神不喜歡得到這知識的人…
衆神喜歡含糊，憎恨明顯。

《廣林奧義書》（約公元前七世紀）

愚蠢的人拒絕他們看到的東西，而不是他們想到的東西；聰明的人拒絕他們想到的東西，而不是他們看到的東西…按着事物的本相觀察它們，而且不要留意其他人。

黃蘗（九世紀）

對一無所知的人，它顯然被揭示出來。

艾克哈特大師（Meister Eckhart, 1260-1327）

你認爲我依從什麼規則？確實是一條古怪的規則，但却是整個世界中最好的。我由對上帝的良善一種隱含的信仰引導；因此被帶領去研究最明顯和普通的事物。

托馬斯·特拉赫恩（Thomas Traherne, 1627–1674）

從自己看到的事情中産生懷疑的人
永遠都不會相信，可以做任何你喜歡的事。

威廉·布萊克（William Blake, 1757–1827）

事物最重要的方面，由于它們的簡單和熟悉，對我們是隱藏的。

維根斯坦（Ludwig Wittgenstein, 1889–1951）

這就是了。没有任何隱藏的意思。所有神秘的東西都祇是這麽回事。

維爾納·艾哈德（Werner Erhard, 1935–）

《被竊的信件》，埃德加·愛倫·坡（Edgar Allan Poe）的故事（1845年）中的：“通過過于明顯而逃脱了觀察。”反派“將信件直接放在全世界的鼻子底下，以最好的方式防止世界的任何部分察覺到它。”

④ ON HAVING NO HEAD
將故事帶入當代

無頭之道的八個階段

自從最初的"喜馬拉雅山"經驗突然出現後,已經過了超過四十年;前面對那次經驗的描述的第一次出版,距今也超過二十年了。這些都是滿滿的年份——有很多驚奇,也有一些震驚——期間那個經驗開出一條路徑(無頭之道是描述它的一個好名稱),關於這路徑我也學到很多東西——它的彎曲和轉折,交通有時暢順,有時阻塞,還有它普遍的實用性。從頭開始(遠在"喜馬拉雅山"異象之前)描述整件事的地圖早應該繪製了。

最後這一章嘗試繪製這樣的地圖。當然,它祇是(用《廣林奧義書》的話說)"不真實引向真實,由黑暗引向光明,由死亡引向不朽"的原型的道路無數變化的其中一個。它不時與禪的道路走在一起并合并，在其他時候，它則自行上路。如果説它看似比古老和遥遠東方的道路更直截了當和容易走，那是因爲它帶我們走過當代西方文化那熟悉的地貌，而不是因爲它比較短或比較平順。它不是那樣。當然，我們詳細的路綫不一定適合所有西方的旅客。除了前三個階段（我們都會經歷的），我們的地圖——必須是——以作者自己的行程爲模型。它與讀者的重合程度由讀者自己決定。一定會有差异，甚至是巨大的差异。但至少我們這幅草圖最初的幾個階段會顯示他已經走了多遠，較後的階段會讓他大致知道，如果他發現自己在追尋無頭之路，他會遇到什麼——他很可能會遇到的地標和中轉站，歧路和陷阱。

所有的道路都可以分爲或多或少任意且經常重叠的階段。在這裏，我們區分出八個階段：（1）無頭的嬰孩，（2）兒童，（3）有頭的成年人，（4）無頭的觀察者，（5）實踐無頭性，（6）實行出來，（7）障礙，（8）突破。

（1）無頭的嬰孩

身爲嬰孩時，你好像任何動物一樣：你對你自己來説是没有頭、没有臉孔和没有眼睛的，巨大、在逃、與你的世界不能分開——却没有意識到自己蒙福的狀况。無意識中，你生活在你所處之地的真實自我中，没有任何阻礙，完全依賴于所給予的東西。呈現在你面前的確實存在——月亮并不比你抓住它的手更大或更遠。你的世界確實是你的世界——距離，這個最合理且最貪婪的偷竊者，還没有開始從你那裏偷走它。那明顯的真是明顯的——落在視線以外的喋喋不休不再存在：消失表示消滅。你不主張你擁有你鏡中的臉孔。它留在那裏：它是那嬰孩的，不是你的。

（2）兒童

逐漸地，你學會了那種命運般的、至關重要的藝術——走出去，從幾英尺外，通過他人的眼睛回望自己，并從他們的角度"看"自己，像他們一樣是一個肩膀上有着正常頭顱的人類。正常但又獨特。你認同你鏡中那張特定的臉孔，用它的名字。但你對你自己來說仍然是在逃、無頭、無界限的空間，讓你的世界在其中發生。事實上那就好像有時你意識到那個空間。（兒童傾向會問爲什麽別人有頭而他没有，或者宣告説他什麽也不是，不存在，不可見。在第三個生日會中，卡洛斯

（Carlos）在被要求指出不同的姨姨和叔叔時，正確地一一指出每一個人。然後有人問他卡洛斯在哪裏。他漫無目的地揮手：卡洛斯不能找出卡洛斯。在稍後的一個場合，因爲頑皮而受責罵時，他没有反對被稱爲頑皮，但抗議説自己不是男孩。不久之後，他去到祖母那裏，宣告説他是個男孩！）

在這個階段，你差不多可以得到兩個世界中最好的東西——你來自的那個非人類世界，以及你正在進入的那個有限的人類世界。簡短地説，你實際上有兩個身份，兩個版本的你自己。爲了私人的目的，你仍然什麼也不是，間隔開，偌大，甚至擴展到繁星（雖然現在距離很遠，你仍然頗能够包括它們：它們仍然是你的繁星）：但爲了社會目的時，你越來越是這一切的相反。如果我們成年人必須變得像小孩子一樣才能進入天堂，那麼我們將像這個快樂年齡段（比如五歲以下）的孩子一樣——那些對自己來説是大人的孩子，他們仍然是巨大的，比所謂的成年人更加真正地成熟。

（3）有頭的成年人

不過，人類以非常不同的速度成長。波佩

（Poppy）早在兩歲時已經經常沉思鏡子中的自己：在兩歲零三個月時，當她媽媽（我認爲是明智地）提出在鏡子比較近這邊——就在她那裏——可能沒有臉孔或者祇有空無時，她回答說："不要說這些事情，這讓我害怕！"似乎從很早開始，我們從外面對自己習得的看法開始遮蓋、叠加，最終抹去我們原本從裏面對自己的看法。我們長小而不是長大了。我們不再與繁星——以及繁星以下的一切——同在一起，而是從它們那裏縮小和引退。我們不再包含世界，現在是世界包含我們——剩下的我們。因此，從整個場景縮小到這一小部分，你我陷入各種麻煩——如果我們變得貪心、不滿、疏離、害怕、挫敗、疲倦、僵硬，模仿而不是富創意、沒有愛心、純粹是瘋狂，又有什麼奇怪呢？或者，更詳細地說：

貪心——在我們不惜一切代價要盡可能重獲和累積我們失去的帝國時，

不滿或具侵略性——在我們尋求對殘忍地削弱我們的社會秩序進行報復時，

疏離、孤單、多疑——由于我們病態地想象人們，甚至動物和沒有生命的對象都與我們保持距離、冷漠和傲慢：我們拒絕看到這種距離如何折疊成無，以致實際上他們與我們一起在這裏，是我們的知音和密友，比親密更親密，

害怕——在我們視自己爲對象。要任憑所有其他對象處置，并對抗所有其他對象時，

挫敗——因爲爲這個別的某物努力肯定會失敗：即使我們最"成功"的事業都很可能以幻滅終結，而且確定的結局是死亡，

疲倦——因爲要爲這裏供生活的想象盒子進行興建、保養和不斷調整耗費很多精力，

僵化、嚴肅、不自然、虛假——因爲我們生活在一個謊言中，而且是一個笨拙的、僵硬的、可預測的、瑣碎的、限制性的謊言中，

沒有創意——因爲我們使自己脫離我們的源頭和中心，視自己爲祇是區域性效應，

沒有愛心——因爲我們將所有其他人排除在我們想象中占據的空間之外，假裝我們不是開放的，不是爲了

愛而建造的，

　　瘋狂——因爲我們"看見"不在這裏的東西，實際上相信（違反一切證據）我們在零公尺時看起來好像是在兩公尺時那樣——堅硬、不透明、有顏色、有外形的一團團對象。如果我們生命和世界的中心已經瘋了，我們的生命和世界怎能保持清醒？

　　祇要我們没有這些多重障礙，我們便仍然停留在第（2）階段，"心裏是兒童"，没有頭，透明，輕盈，大致不自覺地與我們是誰這真理有聯系。我們也可能已經轉移到一個後得多的階段。無論如何，我們有那麽多人還過得去，没有患上慢性疾病的基本原因既簡單又令人安心。如果在我們日常生活中，我們頗爲經常都是明智、有愛心、慷慨、充滿歡笑，甚至是快樂的，那是因爲我們——無論到了哪個階段——都植根于我們共同的源頭和中心的完美，并從那裏而活，源自同一種無頭性，或者原本的臉孔，或者透明，或者意識空無。我們一直都完全由同一的内在之光啓蒙，無論我們是否讓它照亮。我們的快樂是有深厚的根基，而且是真實的；而我們的悲傷則是根基淺薄的，而且不真實的，産生于幻想和無知。我們受苦，因爲我們忽略了一個事實：我們在心裏都是對的。

　　這引發一個問題：第（3）階段——這段鋪上以幻想爲基礎的苦難的路——是否一個大錯誤，一段不必要的繞道，是可以也應該避開的？有没有可能——在已開悟的父母和老師幫助下——從第（2）階段的童年跳到真正成年人或較後階段的能視性，從而避開我們剛剛列出、最糟的麻煩？换句話説，一個人能否成爲這個稱爲人類社會的會所的正式會員，享受它不可估量的好處和設施，但又不曾贊同它建基于其上的謊言，不曾參與那會所從没有停止的臉部游戲，[2] 不曾變成好像他們那樣？裏爾克寫到他童年一件深刻的事件，是没有盼望的。"但後來最壞的事情發生了。他們抓着他的手，將他拉到桌子那裏；他們所有人，人數好像當時在場那麽多，好奇地在燈前聚集。他們有最好的；他們占了上風；他

---

[2] The Face Game（by D.E. Harding, int Transactional Analysis Bulletin, April,1967）視 "人們玩的" 無數，而且往往是絶望的 "游戲"，都是源自這個游戲之母的分支。隨意修剪它們可能祇會讓它們在其他地方更旺盛地生長。要擺脱所有這些游戲并成爲無游戲狀態，就要切斷母幹，即假裝這裏有一個人來玩游戲——一個人（persona，面具），一個在我這裏的面孔，面對你的面孔，面對面，伙伴對伙伴，在一個對稱的（因此是游戲的）關系中。

們躲在陰影中，而他則在光明中承受着擁有面孔的所有羞恥。他應該留下來假裝過他們所描述的那種生活，并逐漸變得像他們一樣嗎……？"[3]

我們在問的問題是我們能否拒絕這些想象的頂結（正確的詞），這些可恥和（祇要它們"接受"）這些有害的生長，是社會決意要在這裏注入和培育在我們自己的肩膀上——以及涉及的所有生長？

答案是：在實踐上是不能的。不能選擇離開，也沒有快捷方式。我們需要背起那擔子，走路中那段長長的繞道。確實有少數人不願這樣做，從未從遠處以第二或第三人稱的角度看自己。有點像浪子比喻中的大兒子，他們以第一人稱單數，現在時態，全然純真地留在家裏。這不是值得羨慕的狀態。他們不能感知或接納別人怎樣看他們，被標籤爲"遲鈍"或者更糟，很容易相應地行動，需要機構照料。事實上，從童年的天堂到蒙福的天國的路，必然經過那遙遠的國度，經過某種地獄，或者至少是煉獄。真正轉離我們的任性，放弃我們個人

---

[3] The Notebooks of Malte Laurids Brigge, John Linton, Hogarth, London, 1959. 文中强調的文字是原文中没有的。

和分離的自我（因此來到我們旅程的較後階段），我們
在這個階段必須是社會的付費會員，這社會致力培養他
們：作為小孩子，我們的自我中心主義還太淺薄、太無
效、太多變和坦率，太少屬于我們自己，因此我們無法
放弃。要真正失去我們的頭腦，我們首先必須牢牢地擁
有它們。要真正明白我們是誰，明晰和有影響，我們必
須先與我們所不是的認同。要真正珍惜那完全明顯的，
我們必須首先習得忽視和否定它這個習慣。在宇宙中，
真正的解放不是在真空中（in vacuo）發生；它是從虛假
中得解放——否則它根本不是解放。因此，我們的煩惱
清單——那不幸的、不完全的悲慘故事——并非全是悲
慘。它是獲得自由的前提，而這種自由無法通過其他方
式獲得。它在很大程度上并且本質上促成了這種覺
悟——對顯而易見事物的重新發現——最終克服了它，
這是對它的整體和細節的治愈。它是那終極狂喜的基
礎，（正如我們將會看到）那狂喜可以在我們旅程接近
終結時找到。同時，我們的麻煩肯定提供最強的動機，
令我們堅持下去。誰會想在這痛苦的地區被阻礙得比需
要的時間更長？誰已經在這道路上有這樣的進展，會不
想繼續——特別是當我們下一個階段是所有階段中最容
易和最直截了當的一個時間？

（4）無頭的觀察者

要進入旅程這第四個階段——無論多麼短暫——祇需要將個人注意力的箭轉過來。《伽陀奧義書》（Katha Upanishad）這樣説："神使感官轉向外，人因此望向外面，而不是望向自己裏面。但偶然一個大膽的靈魂，渴望不朽，會回頭看并找到自己。"事實上，那個"大膽的靈魂"不缺鼓勵。他周圍有無數提醒和機會，無數方法將注意力之箭逆轉——如果他對自己的真實身份足夠好奇，并且願意暫時放下基于傳聞、記憶和想象的自我看法，而依賴于當前的證據。

關于進行那轉向的衆多方法，這裏提出其中三種，讓留心和誠實的讀者立即嘗試：

（i）你現在看到的是這段文字；你現在看出去的是這段文字的空白空間。用你的頭來交換它，你不會在它的路上放置任何東西：你爲了它而消失。

（ii）你現在看出去的不是兩個叫做眼睛的小而緊閉的"窗户"，而是一個巨大且完全敞開的"窗户"，沒有任何邊緣；事實上，你就是這個無框、無玻璃的"窗户"。

（iii）爲了完全確定這一點，你祇需指向這個"窗戶"，并注意那個手指指向的是什麼——如果有的話。請現在就這樣做……

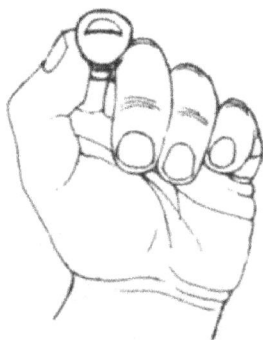

無疑與個人的第一印象相反，有意識的無頭性或透明——這樣看進個人所在之處什麼也没有——原來有幾個獨特的德行。完全没有經驗好像它。這裏祇提出它的五個特點——不是讓讀者相信，而是讓他們驗證：

首先，雖然歷世以來，去看證明是世上最困難的事情，但那笑話是它實際上是最容易的事情。這虔誠的信心把戲哄騙了無數真誠的求知者。他們令自己疲于尋求的寶物中的寶物實際上是最容易接觸到的，是最顯露和十分明顯的，總是點亮和展現。在巴利文佛經中，佛陀將涅槃描述爲"在今生可見、誘人、吸引和容易接近的，"這明顯是真實和完全合理的。雲門大師說禪的道路的第一步是看進我們空無的本質：除去我們的惡業是在看見之後——而不是之前來到。拉瑪那·馬哈希也強調，看見我們實際上是什麼和是誰，比看見"我們掌心中的醋栗"容易——這位印度智者經常確定禪宗的教導。所有這些意味着這種本質的內視沒有任何前提條件。對自己來說，自然永遠清晰地展現出來，令人驚訝的是，人們怎麼可能假裝不是這樣。它現在就可獲得，就像人本身一樣，不需要觀察者是聖潔的、博學的、聰明的或特別的。恰恰相反！這是多麼極好的優勢和機會啊！

第二，單單這個才是真正的看見。不可能做錯，而且算是萬無一失的。現在看看是否可能大致沒有頭，部分或依稀地感知你所在的空無。與看客體（例如這有黑色記號的一頁，以及拿着它的手和它們的背景）相比，看見主體是完美和全有或全無的經驗祇是瞥見：那場景的很大部分都錯失了，沒有被記住。外面的景觀永遠都不清晰，那景觀永遠都不是模糊的——正如莊子和神會在這一章開頭的引文中暗示那樣。

第三，看見去得很深。與裏面的景色，明白地永遠繼續下去的無頭性相比，外面最清楚和遙遠的景色原來是膚淺的——通向死胡同的景色。我們可以描述它爲深入到我們有意識的本質的最深處，甚至超越意識本身，超越存在的深淵，但這實在是太復雜和冗長了。當我們敢于簡單地指向我們被認爲占據的位置時，透明的視野就會打開——或者説，向内打開！自我驗證和自足，抗拒描述，因爲它没有提供什麽供人描述，能够看見的是觀察者和他的看見，這令他對自己來自哪裏没有任何懷疑。這是一個獨特的、直接的、親密的和無可置疑的體驗。它的説服力是無與倫比的。正如蘇菲派的阿爾·阿拉維所説："當一個人看到真理時，就不再需要相信了。"

第四，這經驗獨特地可以傳達，因爲對所有人來説它都完全一樣——對佛陀，對耶穌，對神會，對阿拉維，對你和我。這是很自然的，因爲它裏面没有任何東西可以有區別，没有任何東西會出錯，没有任何東西是異質的或祇是個人和私人的。在無頭性中，我們終于找到共通點。這與所有其他經驗多麽不同！那些經驗都難以分享。無論你向你的同伴多麽生動地描述并嘗試示範你的知覺、思想和感覺，你永遠都不能保證他享受相同的事物。（你和他同意稱那朵花爲紅色、美麗、有趣等等；但那描述的内在經驗絶對是私人的，不可能傳給别人。例如：你對紅色的實際經驗，可能是他對粉紅色，或者甚至藍色的經驗。）但將注意力的箭逆轉，我們便立即進入確定的領域。在這裏，而且唯獨在這裏，在被視爲是我們沒有臉孔的臉孔和真正本性的層面，有完美的溝通，永恒的同意，不可能有誤解。這相符不能被高估，因爲它是關于我們和所有存有真正是誰最深刻的合一。根據這基本的同意，我們對我們似乎是誰，對外表，可以有任何程度的不同。

因此，原則上，這基本經驗可以傳送給任何想得到它的人，沒有最輕微的損失或扭曲。不過，在實踐上，需要有恰當的傳送方式。幸好我們手頭有這些方式，效率接近百分之一百，而且可以在幾秒內完成。它們包括指向某物的手指和單一的眼睛，我們在這裏已經用了。作者和他的朋友在過去二十年也設計了數十種其他方式——有些倚靠視覺以外的感官，很多都涉及整個身體，而幾乎所都適合在各種大小的組別使用。這樣將通往我們真本性的大門倍增——不同氣質、處境、文化和時代有不同的大門——很有意義，但始終是偶然的。可以選擇通往我們的家的大門是方便的，但——一旦到了室內——誰在乎他經哪個大門進來？任何入口——到那個我們實際上永遠不能離開的地方——都是好的入口。它們没有任何限制。

　　第五，最後，這看進個人的空無總是隨時可用，無論個人情緒怎樣，無論個人在做什麼，無論個人在那一刻是多麼激動或平静——事實上，是每當個人需要時。與思想和情感（即使是最"純净"或最"靈性"的）不同，它是即時可得的，祇需向内看，發現這裏没有頭。

　　我們檢視了這簡單的去看五個不可估量的德行，發現它容易得荒謬，頗爲萬無一失，比深刻還要深刻，獨特地可以分享，而且總是隨手可得。但這精美的錢幣還有另外一面，如果你喜歡的話，那是一整套缺點或障礙，是過去二十年的經驗顯示出來的。

　　部分這些明顯的缺點正好來自這去看的優點。例如：正因爲它是明顯和容易，祇要要求便可以得到，自然又普通，它也可悲地容易被低估，甚至被不假思索地放弃，視之爲相當瑣碎。但事實上，它巨大的深度和靈性力量幾乎總是被忽視，至少在開始時是這樣。人們論證説，這樣廉價的覺悟（實際上是未受處分）怎會有多少價值？來得容易，去得也快。我們投入了什麼靈性工作，可以藉以賺到任何有價值的禮物？此外，這種最廉價的領悟并沒有任何神秘的憑證，沒有任何宇宙意識的爆發，沒有任何狂喜。恰恰相反，它是一個前所未有的低谷，而不是高峰，是一個山谷，而不是那些著名的巔峰體驗之一。它有什麼"喜馬拉雅"之處呢？事實上，這本書的開頭設定在那些山脉中，帶有所有崇高的精神聯想，這確實是誤導性的，從而掩蓋了在那裏發生的事情的本質上的卑微和平凡。看到自己的真面目，在其所有的樸素平凡中，至少在交通堵塞或公共厠所裏同樣容易，而且更不容易與任何形式的成就混淆。無論如何，真實的經驗——與它的環境相反，無論是宏偉或陰鬱——不能得到珍藏，不時拿出來進行愛心檢視，完全不能讓人記得。它是現在，或者永不。它祇能夠在永恒地帶找到。[4] 你是誰既沒有也不需要在任何時間等于任何東西。

---

[4] 要檢查這個區域的位置，請讀取手腕上手表顯示的時間，并在慢慢將手表移到眼前時繼續讀取時間——直到它不再顯示時間的地方，直到沒有任何事物經歷變化并記録時間的地方，直到沒有人出生、死亡、醒來或入睡的地方，直到"真正的看見，永恒的看見"的地方。簡而言之，直到你成爲你自己，并永遠在家的地方。（這可能是令人振奮的閱讀，但僅僅是一些想法——除非我們的小實驗實際上是在一種高度重視顯而易見的精神中進行的，尤其是當它顯而易見得荒謬時！）

難怪，看到它（這并不等同于有意識地成爲它）是如此赤裸、嚴峻甚至陰沉的體驗。它呈現爲"非宗教的"和"缺乏情感的"，"冷冰冰的科學證據或事實"，"平淡無奇和不光彩"，這正是其真實性的證據。"這裏沒有任何鮮艷的顏色；一切都是灰色的，非常低調和不吸引人。"這些都是初次看到虛無時容易引發的冷淡評論，而且是有充分理由的。（我們的引文實際上來自著名的禪宗專家鈴木大拙，他是在描述開悟，也就是看見我們真正臉孔或空無的本性。）至于我們賺得這看見，或者不知怎地實現它所揭示的，這想法是胡說八道；因爲它是看進我們和所有存有永恒地是什麽，看進我們都從那裏活着的永恒地帶，無論有沒有好處。并在所有密契的恩典以外——或者是它們的缺少。

事實是這些"缺點"或"障礙"——特別是這去看表面上的膚淺——并非真的是缺點，祇是開始時的誤解，很容易便可以消除。真正的"障礙"頗爲不同，而且似乎非常嚴重。那就是大部分獲展示這個的人，受到簡短的誘導去看裏面，以我們顯示的方式感知他們的無頭性（而他們的數目現在已經達到五位數），他們樂意讓那經驗停留在那裏。對他們來說（如果是有趣的話），那是比有趣的冒險好一點，看事物的一種不尋常方式；或者祇是好有趣，一種愉快的兒童游戲，而且無論如何，在日常生活中也毫不重要。它不是供人延長、重復或學習，肯定也不是供練習。因此它幾乎沒有任可影響。

爲什麼這種幾乎是普遍地拒絶認真看待那些熟練的人向我們保證的，是最好的消息，有巨大的實踐含義？就那些愉快地没有好奇心并感到自我滿意的人，堅持自己未經審視的信念和目的的人來説，答案是明顯的。有什麼機會可以擾亂這一切？（我們有什麼需要或權利去嘗試這樣的事情呢？畢竟，在每個人内心深處都隱藏着一個知道在此時此刻什麼可以被有益地吸收，什麼不可以的人，而這個人已經并永遠是所有人所生活的啓示，那内在的光明。）就真誠的尋求者來説，答案祇是稍爲没有那麼明顯：我們當中有誰想成爲發現者，祇要我們的搜尋是那麼有意義——那麼高貴！——構建我們的時間，并驅走沉悶，祇要那空無——有些人説它在我們追尋的終結——在這安全的距離讀起來像顯露的威脅多于隱藏的承諾？不，我們絶對有理由繼續作謙虚的尋求者！我們并非開悟！事實是在我們所有人裏面都潛伏着一個存在的恐怖，對似乎等如突然死亡和毀滅的强大和完全自然的抵抗。所有那曠日持久而且往往痛苦的努力，由每種社會壓力促成，掩蓋裏面那空無，并在這裏在它上面建立某人，屬于個人的臉孔（而不是其他人），個人自己獨特的個性，一個匹配我們周圍的人的穩定性格——而現在（願神幫助我們！）它被揭露爲不單是一個倒塌的紙牌城堡，而且是（就它能够站立的程度來説）我們的麻煩的成因！這實在是壞消息，特別是我們當中那些似乎透過這"造魂之谷"而進展得頗令人滿意的人。整個個人成長工業的基礎被去看這簡單的行動炸毁。難怪有些人在被邀請内省時會明顯感到不安——尷尬、侮辱、恐懼、惡心、憤怒，甚至偶爾會表現出暴力行爲，并立即避開這種恐懼。這不僅僅是成人和社會誘導的恐懼：看看波普的情況，她在兩歲零三個月時已經害怕她的空性。[5] 真正的奇迹是，盡管有所有内在的抵抗和外在的阻礙，我們中的任何人都應該歡迎并堅持到底完成這項拆除工作。一直以來，祇有少數人有這種衝動，而且他們的數量似乎没有迅速增長的迹象。他們是那些與自己無臉的童年保持聯系、從未真正長大

---

[5] 參考（3）TheHeadedGrown-up

的人嗎？還是那些被生活傷害得如此嚴重，以至于一種
死亡似乎是一種解脫的人呢？或者是懷疑的人，對他們
來說，我們的語言和信念——特別是宗教那種——是可
疑和沒有根據的防衛系統，對抗那不能被懷疑的，也就
是我們的真本性；或者是好奇的人，那麼對自我發現着
迷，以致為此付任何代價都不會太高；或者祇是不配接
受神聖恩典的人？或者是這些類型的某種組合？在看自
己的情況時，讀者有頗多選擇可以從中挑選。

　　無論如何（無論解釋是什麼），發生的是，雖然這
簡單的去看潛在地是我們宣稱它所是的（而且還有多很
多），它實際上——對幾乎每一個人來說——都祇是構
成一個人的生命那無數經驗中的一個短暫的經驗。你甚
至不能稱它為那道路上的第一步；或者如果你可以的
話，它也是那種不算數的第一步。不過，有些人確實繼
續前進。他們來到我們的第五個階段。

（5）實踐無頭性

　　現在開始的"困難"部分是重復這種無頭的看見虛
無，直到這種看見變得非常自然，毫不特別；直到無論
一個人在做什麼，都清楚地知道沒有人在做這件事。換

句話説，直到一個人的整個生活圍繞着這支雙刃箭的注
意力結構，同時指向内在的空無和外在填充它的事物。
這就是這種方式的基本冥想。實際上，這是適用于市
場、每種情況和情緒的冥想，但它可以通過定期的更正
式的冥想來補充——例如，每天在一個安静的地方獨自
或與朋友一起享受完全相同的看見。

　　事實上，這是一種不會將我們的一天分成兩個不兼
容部分的冥想———一個是撤退和安静回憶的時間，另一
個是忘我沉浸在世界喧囂中的時間。相反，整天都會有
相同的感覺，一種始終如一的穩定品質。無論我們要做
什麼，接受什麼，或忍受什麼，都可以轉變爲對我們實
時有利：它正好提供機會讓我們注意涉及什麼人（具體
地説，絶對涉及又絶對不涉及。）簡單來説，在所有形
式的冥想中，這是其中一種最不是人爲和突兀的，也
（經過一段時間變得成熟後）是最自然和可行的。而且
也是有趣的；彷佛個人原來没有特徵的臉孔現在帶着微
笑，好像正在消失的柴郡猫！

　　起初，這種基本練習需要大量的注意力。通常，人
們需要花費數年甚至數十年的時間才能達到穩定和自發
的内視。然而，這種方法非常簡單，并且始終如一。它

包括停止忽視觀察者——或者更確切地説，觀察者的缺
席。有些人發現這種練習非常困難，需要很長時間。另
一些人——尤其是那些花費較少時間和精力在他們的宇
宙中心構建虚構人物的年輕觀察者——則更容易接受這
種練習。這是可以預期的：因爲他們仍然接近第（1）階
段，那時，身爲嬰兒，我們對自己來説仍然不是客體或
對象。好像動物，我們那時從我們中心的空無，没有意
識地活着，没有困難。現在我們的意圖是回去，有意識
地從那裏而活。

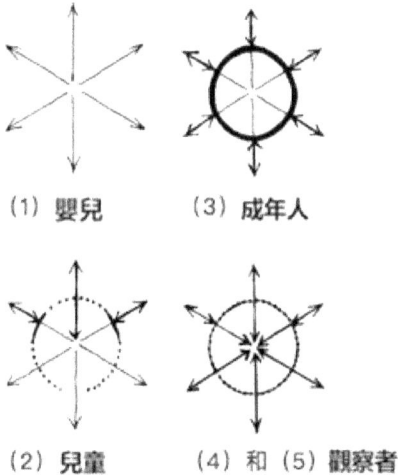

(1) 嬰兒　　(3) 成年人

(2) 兒童　　(4) 和 (5) 觀察者

　　這個意圖是鼓舞人心的。它無异于與强大的進化暗
流一起游泳——意識本身通過史前和歷史的進化，現在

在個人的歷史中重演。[6] 作爲第一階段的動物和嬰兒，你是無自覺的：你所有的注意力箭頭都指向外部：你忽視了自己的存在。作爲第二階段的孩子，你可能時不時地真正自覺；在那些時候，一支注意力箭頭也指向內心，并且命中了目標：你看到了自己的缺席——可以説是偶然的。但越來越多的內向箭頭遠未達到那個目標：它們沒有穿透到任何人的中心缺席，而是卡在了一個非常人性化的某人的外圍存在中。身爲第（3）階段的成年人，你注意力之箭在那非實質的某人，在你那人類外表，每天對你來説變得越來越有實質，很快便成了你的身份證，你的身份本身。（僞造的證，錯誤的身份！）

現在身爲第（4）和第（5）階段的觀察者，你再次真正地有自我意識：但這次你更刻意和一致地穿過那表面的場所，開始在它們表面上的什麽休息，在你的真實中，也就是你的真正身份，你的在場-缺席，你的核心和源頭。你的注意力之箭越來越多地同時以裏面和外面爲

[6.] 嚴格來説，當然不是意識本身——即有覺知的空性——在進化，而是占據它的東西在進化。你所是的那種永恒和絕對的意識（有些人稱之爲覺知）不應與其時間性和相對性的方面混淆，因爲它不斷地承擔和放弃無盡的功能、形式和領悟。

目標，擊中那目標。你變得熟習雙向觀看——同時向裏面看空無，并向外面看萬有。你變成我們這物種的其中一個變體——在過去幾千年中偶然出現的觀察者——可望引進下一次演化的大躍進：實際上指出讓物種最有機會存活的路。同時，你繼續我們在世上的生活，就像它現在這樣。

這時，我們要提出兩個重要的實際問題：

（i）第一個問題是：我們的冥想有多穩定和持續？是否有可能——經過足夠的練習——始終保持生動的自我覺知，并且永遠不忽視此刻的缺席？在被問及這事時，拉瑪那‧馬哈希（Ramana Maharshi）給予一個很重要的答案。他解釋説，有時智者的自我意識在前列，好像音樂中的高音旋律。在其他時候，它則留在背景，好像低音伴奏，是你幾乎留意不到的，或許直到它停止時：你一直都聽到它，但却是以壓抑的方式。令人振奮的事實是，當真正的自我意識被充分重視和建立時，可以相信它會在某種程度上持續下去，而無需刻意保持。它有點像戀愛。即使幾個小時內你從未想起那個人的臉或名字，你對那個人的愛也不會減少：重要的是那份始終存在、不間斷的承諾。自我實現也是如此。一旦它抓住了你，它就不會放手。你的真實本性有其自身變得越來越明顯的方式：它會不知不覺地接管。任何試圖強加于它的人工目標導向的紀律祇會阻礙其成熟，甚至可能成爲一種偶像崇拜——爲了無頭而追求無頭，試圖將這種無變成一種備受追捧的某物。

（ii）第二個問題是：我們可以在多大程度上倚靠我們的冥想去清除我們的困難？它作爲心理治療有多有效？

無頭之道——與那些將東方靈性與西方心理治療相結合的方法不同——并不關注刻意觀察心靈的過程，或進行心理探究，或通過冥想將壓抑的心理材料浮現出來：也不關注讓心靈平靜下來。相反，它遵循拉瑪那·馬哈希的教導："存在于自我中才是關鍵。不要在意心靈。"張澄基（在寶貴的《禪道修習》中）指出，禪對思想的很多方面和層面都沒有興趣，但却關心穿越到它的核心："因爲它主張，一旦掌握了這核心，其他一切都會變得相對不重要，而且再清楚不過。"我們自己的立場是這樣：當然，重要的是，我們的心理問題——事實上是剛好產生的任何思想和感覺——其本相是我們應該清楚看到的，但總同時要看到它們來自什麼；以及誰應該會有它們。問題不在于現代心理治療的臨床價值，不過，我們對心理問題（正如對其他一切）的激進回答是雙向的注意——同時向裏面看這絕對無瑕疵、無污染和沒有問題的空無，以及向外面看它呈現的任何模糊的問題。它們的終極解決方案在于牢牢地將它們置于模糊事物所屬的中心以外，而不是試圖清除那模糊本身。用無與倫比的東方意象來說，最純潔和精美的花朵——開悟的蓮花——在最泥濘和最不健康的低地沼澤盛開，在激情的泥潭中，在骯臟和愚蠢的思想這東西中，在我們所有邪惡和痛苦中，這是非常令人放心的事實。清理那泥潭（這是怎樣的盼望！）或者試圖將蓮花移植到他世和异地的靈性這無菌的高山白雪當中，它便會枯萎。禪甚至會說，激情本身就是開悟，泥潭本身就是蓮花。

正如總是那樣，我們的方法包括在急于詮釋和糾正那明顯的前，先順從那明顯的，順從那公開的——這順從引致那不斷更新的發現，那給定畢竟不是那麼迫切需要我們焦慮的操控。事實上，面對 "內在" 和 "外在" 證據（也就是我們完美的中心現實，與它太不完美的心理-生理顯明，它的地區性呈現，它整個設定絕對不同，但又絕對同一）的，是我們的醫治所需要的。這雙向的注意力，清除了單向的意圖，足以解放我們，以脫離所有困難。它揭示釋放我們自由的真理——在家裏自由，在那裏沒有任何東西接受痕迹或印記，束縛我們或出錯，在那裏，向外看似乎總是出錯的事物的領域，也沒有問題了。是的：完全没問題，無論當家和它的安全被忽視時，那場景看起來多麼威脅，我們愚蠢地想象自己是獨立的人或自我，身處其中，面臨可怕的風險。在那裏，我們的自我中心錯覺給我們帶來了無盡的麻煩；在這裏，我們對零中心的認識不僅驅散了這些麻煩——包括頭部在內——而且完全改變了它們。從它的源頭來看，周圍的模糊開始有一種美，是超越美和醜，最終我們的思想、感覺和行動同時對那終極的美有貢獻。

因此，我們這種雙向的冥想是真正激進的心理治療——是那麼深刻的心理治療，以致明顯和特定的結果可能會很慢才浮現。不過，在經過足够堅持後，它肯定會在"外在"場景，在我們日常生活中充滿困難的領域產生——更多是紅利而不是預期中的報酬——頗爲特定的改進。通常，這些將包括感官的活躍（揭開遮蔽聲音響亮、顏色光輝、模糊形狀和過濾出"最醜陋"地方的美麗的屏幕）以及（伴隨着感官覺醒）一系列相互關聯

的身心變化——包括持續的"全身"警覺狀態，取代
"頭腦"間歇性的警覺狀態（仿佛一個人全身心準備好
迎接人生的競賽），壓力的減輕，特別是在眼睛、嘴巴
和頸部區域（仿佛一個人終于放鬆了它們），重心的逐
漸降低（仿佛失去頭部是找到心臟、內臟和脚，它們現
在扎根于地球），呼吸的顯著下移（仿佛它是腹部的功
能），以及總體上的下降（仿佛所有在高處徒勞追求的
美好事物都在低處等待着一個人）。平衡這種下降的是
總體上的提升，包括一種高昂的感覺（仿佛一個人背部
挺直，像天空一樣高），創造力的激增，能量和信心的
上升，一種新的、孩子般的自發性和玩樂性，最重要的
是一種輕盈感（仿佛一個人不是隨風而逝，而是風本
身）。最後或許有恐懼的平伏，貪婪和憤怒明顯減少，
個人關系理順了，更有能力實行無私的愛，更有喜樂。
或許吧！不過，通常——特別是在自我實現開始的快感
和新奇消退後，對個人的真本性的享受被對預期個人人
類本性的好處淡化後——個人會經歷那些好處爲溫和、
拼湊和多變。去看的外在成果不如個人自然地希望那樣
豐富，而且很慢才成熟，甚至即使在那時也很可能是在
別人眼中比在自己眼中更明顯。個人往往感覺不到有任
何改進。可能會越來越感到失望，感到更需要某些東

西，除了赤裸裸的看見以外。這帶我們去到旅程的下一個階段。

（6）實行出來

我們需要繼續發掘無頭性的更多意義，它對生活的價值，它對我們的思想，我們的行爲和關系，以及我們在社會中的角色的重大含義。這個階段比其他階段更不清晰，肯定會在很大程度上與那些階段重叠，而且實際上從來都不會完結。并没有標準模式。

很大程度上視乎個人的天賦和氣質，以及他們在多大程度上能够與別人連結——并從別人那裏取得支持。有朋友相伴，肯定比獨自一人更愉快也更容易在這條道路上取得進展，以及有屬于這個階段的發現。同樣，孤獨或任何其他困難都不會阻止任何人前進，而一切——祇是對的書、老師、環境——都會趕快給他們協助，祇要他們決意繼續下去。[7]

不單是群體提供的紀律和支持，也包括群體某個成員（并非總是刻意）提供的信實，而且往往是令人謙卑

[7.] 本書的附録提供了關于觀察者如何與其他觀察者聯系的實用建議。

的靈性指引，對我們大部分人來說都是不可或缺的。無論怎樣，作者都可以見證——每當他缺乏（或者故意假設自己缺乏）與禪師、古魯、聽懺悔的人或靈性導師等同的人時——他對前路的異象會變得不必要地短視，而他的路徑也會變得彎曲。

新手觀察者抱怨説："唉！我没有'無頭'或'看見'的朋友。"事實上，他有很多這樣的朋友：祇是他不認識他們。祇要有足够耐性，他遲早可以找到他認識的：因爲（正如我們已經看到）這是最容易和別人分享的經驗，而溝通的完美工具是——真正的——在手頭。別人負面地響應時，他不應該灰心——因爲要抛出這洞見，他們必須先接受它，并在它獲準留下來時走近一步。當他們反擊時，他也不要若有所失（例如提出向他們展示的太完全是視覺性：如果它不是由其他感官支持，怎能是有效的——更不要說是重要的——而且也不可能向盲人示範？）。由于我們已經探討過的原因，無頭性這個提議本身對很多人來說是非常冒犯的，他們提出的反對會没完没了。但不要緊：無頭性總是供生活使用，偶然供分享，從來都不是供争論的。

就對關于盲人的特定反對可以有的"回答"來説，

它可以取小型實驗的形式。"變盲"，"看看"你是否沒有頭。請您，讀者，做一下這個小實驗：閉上眼睛，十秒鐘內檢查一下，您是否有任何證據表明有一個頭部占據了您世界的中心，是否有任何東西在這裏有可辨認的邊界、形狀、大小、顏色或不透明度——更不用說眼睛、鼻子、耳朵或嘴巴了。（疼痛、瘙癢和味覺等根本不能構成一個頭部，完全不是那樣的。）或者，就此而言，您現在有任何證據表明有一個身體嗎？爲了確認，當您閉上眼睛，拋開記憶和想象，祇根據此刻所感知到的，您能數出多少個腳趾頭？

事實上，作者的失明朋友向他保證，無論他們經驗到什麼——包括各種"身體的"感覺——他們都完全清晰地感知到自己沒有頭或身體，以及他們的真本性存在爲空無、空間或容量。在這旅程中的旅程，視力正常的人并不比失明人士有任何優勢。真正的看見，永恒的看見，是每一個人都擁有的。

對我們所有人來説，我們雙向的冥想絕對是相同的，無論我們剛好在運用什麼感官。那設置總是雙邊但又絕對不對稱的。那鳥鳴在這裏落入沉寂；草莓的味道在無味這穩定的背景中讓人感覺得到；相對于這持續的没有氣味，這新鮮，那可怕的氣味產生；諸如此類。同樣地，我們的思想和感覺祇在這個禪宗稱爲無心的空白屏幕上出現，在消失時也没有在上面留下任何痕迹。正如當我"面對"你時，是你在那裏的臉孔向我在這裏的臉乳的缺席呈現——臉孔對無臉孔——因此，無論我接受什麽，我都要脱離它：要充滿水，杯子需要先把水倒空。那分別是完全的。這并不意味着，在我們進行這種雙向的"市場冥想"時，我們會想到所有這些：我們祇是繼續不失去與我們"缺席"的聯系的工作。

這一切都顯示通往家的道路相當多和多樣，以及盲人好像聾人一樣也能够好好地走這道路。不過，視力良好的人有一些旅行的輔助，是其餘的人所没有的。（這毫不令人驚訝；開悟的人被稱爲觀察者而不是聆聽者或嗅覺者或觸摸者——肯定也不是思想者——并不是没有原因的。在這裏，視力自然地是感官之王：同時指向裏面和外面時，它是那明顯的模糊的大揭露者的大敵。）在以下從等候我們的多種發現中挑選出來的例子（如果它們顯得更重物質——有時更有趣——而不是靈性的，這對它們更有利！），會很容易將那些倚靠外在視力而較不重要的，從那些不倚靠視力而更重要的區分出來。

（i）表面上我是在空間中移動的一件對象。事實上，我是那不移動的空間本身。走過那個房間，我向下看，我的頭（無頭）是無限和空無的静止，在其中手臂和腿都在揮舞。駕車時，我向外面看，我人的身體（無身體）同樣是這静止，在其中整個郊外好像巨人的一副紙牌那樣被洗牌。在晚上外出時，我向上面看，我地上的身體（没有地上的身體）在同樣的静止，在其中那些天上的身體在摇動和舞動。（不：我在這裏找不到頭向兩邊轉，向上或向下！）最後而且最重要的是，我"變盲"（他們説閉上眼），而我的宇宙身體（没有宇宙身體）是同樣無限和空的静止，現在顯現爲不動的無心，它的思想内容拒絶有一刻静止。除了再次確認個人的真正身份外，我們順從那明顯的這方面——關于我們的雙向觀看，我們對所有季節的冥想——剛好將匆忙從"現代生活的匆忙"中拿走：或者是，從以爲自己在匆忙的人那裏拿走。他從没有移動過一寸。他的一切激動都衹是虛幻。他不需要也不能够做什麽去安静下來——除了停止忽略他所在的地方永遠都是静止，超越一切理解的和平是那麽明白地不證自明。他所渴望的寧静，他以爲總是躲避他的寧静，在他的内心深處被發現，迫切地希望被注意到！

（ii）對在那裏的人（從遠處看我）來説，我是一個移動和有限的人類對象，在這裏的我（從無距離看自己）實際上是這個不動和無限的非人非物。我感知這非物或空間塞滿各種對象——移動的、有顏色的、有形狀的、嘈吵的、愉快的和不愉快的、感官的和非感官的，諸如此類。而且，矛盾的是，正因爲這個空間與其内容完全不同且完全不受其污染，它才完全與它們認同。我不相信這一點，我看到了。空間就是占據它的事物。這種静止-寂静就是它所背景的運動和聲音。作爲某物，我祇是那個東西；作爲無物，我是萬物。

（iii）而它們都在這裏給出。因此天空、太陽、雲、樹木、草、窗户、地氈、填滿字的紙頁、拿着它的雙手——全都在場，明顯在我所在和我的照相機所在來説是在場，不是在我們所不在的地方。我們之間没有距離。（如前所述，如果我靠近它們，我會逐漸失去它們；此外，在我們之間拉伸的一條綫，將這個點與“最遠”的物體連接起來，我必須將其視爲一個無維度的點。）由此可見，整個世界都是我的，我富有得無與倫比。而且，這種所有權才是真正的所有權。因爲作爲這個微小而堅固（且完全虚構）的東西，我將所有其他事物排除在我占據的空間之外，因此我是最貧窮的；而作爲這個巨大而空曠（且真實）的無物或空間，我讓它們進來，我接收了宇宙，我擁有并掌握了一切。難怪這一切如此引人注目，如此直接，如此——明亮！

（iv）那我怎麼會繼續看到一切——始于這雙手并終于那藍天——是在那裏而不是這裏？或者奇怪地，同時兩者都是？在一個層面，答案是這三維世界是解釋數據一種這樣方便的方法，是我雙眼本身——其生理在那麼大程度上面向尋找深度——見證其生存價值的模式。在更深刻的層面，答案是，事實上，不是我的世界，而是世界的觀察者才是三維的。在我裏面這裏——在這指向裏面的手指，這一頁，每件對象這邊——伸展出這未經探測的鴻溝。（我因此而感到幸福——雖然這有些矛盾——星光點點的天空，雖然不再與我相隔一個埃（angstrom），却比以往任何時候都更加遙遠，更加令人敬畏地神聖——賦予它無限的距離，從我的無限資源中，我賦予它無限的魅力。）無論怎樣，我嬰兒期的平地需要離開。在整個童年和成年早期，我的方法是將世界推開，給它本身的距離。結果是：我當然失去了它。有趣的是，我對它的投射等于我拒絕它，并且被它拒

絕，而我變得越來越貧乏、孤單、隔斷、疏離。那方法
開始的生存價值很快逆轉，變成（可以這麼說）毀滅價
值。但現在，最終，身爲較後階段的觀察者，我沒有將
它推開，而是再讓它進來，而由于我是日深不可測的，
世界也是深不可測的。我注意力的雙刺箭同時向前指向
事物的"外在"世界，而它實際上在這裏開始，也停在
這裏；那箭也指回去"內在"的空無世界，它實際上永
遠延續下去。而它們是一個世界。一切都在我裏面，一
切都是我的，一切都是我，而我再次安好。

（v）我真正擁有的對我來說行得通，而不是反對
我。如果宇宙是我的，它應該好像我希望那樣表現。
唔，事實是好像鏡子，是我的這容量或空無沒有方法拒
絕它的任何內容，沒有偏好，沒有喜愛的。它必須降服
于發生的任何事。它是沒有選擇，但（正如會在我們繼
續下去時會變得越來越清楚）要爲出現的一切負責。它
不意願什麼，但也意願一切。

（vi）甚至我自己的行動也變得可以接受。我最愚
蠢的錯誤不知怎地也變得完全不是錯誤。而且無論如
何，無論我正在做什麼——由洗碗碟到駕駛我的汽車到
思想這一個段落——我發覺如果我想象這裏一個有頭的

某人在做時，會做得比較差；而如果我看着他離開，會做得比較好。有意識地從我是什麼都不是的真相中生活，比從我不是某物的謊言中生活要好得多——這并不令人驚訝。

（vii）這一切都是關于急事急辦，關乎從不與這失去接觸。身爲一個人時，我的目標是直接在外面，投入生命，真正與它一起，但我實際上是遠離生命，對抗它，最終是它的受害人。而當我的目標是間接時——透過這裏感知到那個尋求投入的人的缺席——那麼爲什麼我不是在外面的世界，而不單是與它一起：我在玩味作爲它的經驗。我自由自在，宣示着世界，受到所有存在的啓迪（正如禪師道元如此愉快地表達的那樣）。被它們看似的樣子啓迪，也被它們的本質啓迪。

（viii）我漸漸明白，我在這裏看進缺席，并不是看進我的缺席，而是每一個人的缺席。我看見這裏的空白是足夠的空和足够的大，給所有人的，它就是那大寫的空白。本質上，我們都是同一個和一樣的，而且没有其他人。因此，我向任何人所做的事，是向自己做；而發生在他們身上的事，發生在我身上。這是我必須十分認真看待的事實。你可以稱它爲無條件的愛，或憐憫，或真正慷慨的心——沒有它，以及自發地從此而活，我的去看實際上是暫時的。

（ix）看進無物性是有意識地連接到所有物性的源頭，源頭的源頭性和創造者的創造力，所有真正自發感覺和行動的源泉，以及新的，因而是不可預知的。一如既往，這不是要讓人相信，而是要給人測試的。觀看，看你在做什麼！

（x）這看見是回到唯一安全的港口，回到我們親愛的故土（深刻地熟悉，但又不能窮盡地神秘），回到可靠的東西。這再次是供檢查的，整天和每一天。

這十項，以及無數其他覺悟，在等待旅程這個階段的旅客。它們引向——它們證明——他們原來的無頭性的深化和成熟。或者（表達得好一點）它們是實行出那異象中一直都隱含的東西的一部分。

在它們中突出的是一個領悟———一個多面的靈性發展，是適合我們第（6）階段，但肯定不限于它的——它堅持在這裏特別留意。那是不知的經驗，個人深刻和無所不包無知的經驗。事實上，由于“我不是什麼”，所以“我什麼都不知道”，因爲明顯地，知情的不是什麼，并非不是什麼，而是某些什麼，是形式而不是空白。

這不知落入兩個頗爲清楚的部分：

（1）第一步是放弃我們認爲事物當然是且必須是它們本來的樣子的假設。這是放弃我們成人、老練、見多識廣的自信（正如我們所説的那樣），認爲我們無所不知，認爲我們以前見過這一切，認爲太陽底下没有新鮮事，認爲我們已經掌握了一切，認爲"哇！"是幼稚的，而打哈欠的"那又怎樣？"是成熟的。（突然抬起你的小指，眨一下眼睛，注意你對這些印刷形狀和那些聲音的接納——它們的生動性歸功于你給予它們的空間的深度和清晰度——并承認你不知道你是如何完成這些和其他無數奇迹的。）那是一種全面的遺忘，清洗我們骯臟的宇宙，洗去累積的多層名字、記憶、關聯，將它們變成不熟悉、新鮮和甜味。那是停止視一切和任何東西爲理所當然。那是在我們令它符合我們的目的前，重新發現那明顯的是非常陌生，那給定是奇妙和寶貴的。這意味着不再把一切視爲理所當然。這是重新發現顯而易見的事物是多麼奇怪，所給予的事物是多麼美妙和珍貴，然後再將其用于我們的目的。這是承認一直存在的

榮耀。這實際上是看着"最卑微"的石頭和落葉，"最
惡心"的垃圾，"無關緊要"的事物，比如夜晚濕漉漉
的道路上陰影的形狀和顏色以及城市彩燈的倒影（我們
不再看到這些，因爲我們不繞着它們開車）。這意味着
有意識地成爲我們真正的樣子——事物的容器——每個
事物在其中都能達到其獨特的完美。這是有意識地從其
源頭看待一切，將其與這一側的無限重新連接。那是好
像第一次聆聽、觀看、嗅、觸摸物件那樣，放開過去的
沉重的負擔。那是我們童年驚訝的復興和擴展。那是在
創造的早上，在亞當爲受造物命名，對他們感到厭煩之
前在場。那是以他們的創造主的眼睛看他們爲甚好的。
再一次，用禪宗的用語，那是"由所有存在開悟"，因
爲這裏沒有任何東西遮蔽他們的光。

　　這不知沒有限制。它擴展到超越我們所感知的，去
到我們感覺、思想和做的一切。那是停止知道怎樣應付
生命，我們去哪裏，完成了這個實時的任務後要去哪
裏，明天、下星期、明年會有什麼事發生在我們身上。
那是一次走一步并蒙上眼，肯定這裏有那空間——它什
麼也不是，什麼也不知道，除了它本身——始終會在每
時每刻帶來所需要的。那是好像田野中的百合花那樣生

活，不想到明天，信任我們的源頭。（當然，這可以用作退出的借口，但在活出時，它是加入，將我們能夠做的都給予生命，包括任何所需的計劃。）

不知的生命，以及它那非凡的喜樂和可行性，是不應該成爲直接目標的。我們祇有借着放棄對他們的任何擁有權以及任何栽培它們的想法，才能够得到它們。不過，我們可以相信它們會在適當時候來到，祇要我們留意它們的背景，留意這裏的空無。先求這國度中最赤裸裸的國度（裏面的國度），這一切美麗的東西都會加給你：尋求它們時，它們都會被拿走。讓我們與我們知道（和不知道）得很清楚的那空無一起，它會提供我們一無所知的填補物，而那會證明正好是這一刻所需要的。爲什麽我們應該相信它總會得出正確的答案，即使現在那答案看來似乎是多麽錯誤？爲什麽我們應該絕對相信它？如果我們的經驗仍未給我們壓倒性的理由這樣做，讓我們現在看什麽是它最崇高、最杰出、最鼓舞人心和令人難以置信（但一旦看見時，是最明顯）的成就。

（2）不知的第二個範疇不是放弃假設事情當然需要好像它們那樣，或者我們認爲它們怎樣，而是它們需要怎樣！爲什麽存在本身應該存在？這兩種不知之間的差別是不可估量的；它們不在同一個類別。第一種情況將我們留意到的事物視爲奇迹。第二種情況將它們來自的有意識的"無物"視爲奇迹。第一種情況相對温和，温和地進行，不斷變化，是一個程度的問題。第二種情況則是一個擊倒性的、全有或全無的洞察，完全不同于任何其他情況。

然而，關鍵在于微小的差距，存在于那些小詞之間，即"什麼"和"那"。在這裏，現實是什麼失去了所有重要性，現實是那變得至關重要。路德維希·維特根斯坦寫道："世界上的事物是什麼，對更高的事物來説完全無關緊要。上帝不在世界上顯現……神秘的不是世界上的事物是什麼，而是它存在。"我想將它擴充：真正神秘的事實是，神——又名自覺的存有——存在，而在祂之後，祂的世界的存在相對來説没有什麼特別，是理所當然的。

在這一點上，我將不得不回到直接的自傳。當然，我無法詳細記住我那段多次中斷（但終生熱愛）的與存在之謎的戀愛經歷的早期片段。然而，以下是對那四階段冒險的重建——最終發現"無頭"的終極意義和價值——是傳達它的精神，它的實際感覺的最好方法：

（i）我是一個青少年，與一個較年長的朋友談話：

哈丁：好吧，上帝創造世界。但祂首先怎會在那裏？誰創造上帝？

朋友：沒有誰。祂創造自己。

哈丁：但祂怎能那樣做？是不是本來什麼也沒有，一個巨大的空白，然後——砰！——祂就在那裏？祂一定是嚇壞了！我可以聽到祂在呼喊："我令自己出現！我很聰明吧！"

朋友：你這是不敬。上帝是那麼偉大，祂總是存在，祂總需要存在。爲什麼祂要被自己的存在嚇壞？那是祂的本性。

哈丁：我想祂每次留意到自己做了什麼都一定會起雞皮疙瘩——好像那樣憑空制造自己（不是好像一團渴睡的老疙瘩，而是完全清醒），完全沒有外來幫助！那不單是法術，那是不可能！之後，祂可以做任何事：令數以十億計的世界全都完整，而且祂雙手綁在後面！

朋友：你不明白。需要有某一位創造萬物。

哈丁：但不是創造自己的一位！祂不需要出現。祂不一定要這樣。或者，如果祂真的需要出現，背景一定要有另一位令祂出現——這表示祂畢竟不是上帝。真正的上帝是另外那一位——同樣，忙于發明自己！

朋友：（站起來準備離開）：這些事與我們無關。上帝和起初都是我們不應該探究的奧秘——對我們來説當然是奧秘，但對祂來説不是。

哈丁：（向自己説）：那麼爲什麼祂將我造成一個探究者？我仍然認爲有任何人或任何東西存在是非常有趣——有趣而奇特。應該衹是——什麼也沒有！没有一個斑點，没有一下刺痛，没有意識的微光。

（ii）時間是幾年後。現在已經長大——但還没有意識到無頭——我進一步思考自我存在的問題，這個問題一直困擾着我。

上帝自己是那首要的不知者！上帝（或者你喜歡怎樣稱號他或她，他或她是空無性、源頭、意識和存有）不可能明白祂怎樣產生自己，祂怎樣倚靠自己從空無的不存在中將自己拉出來，祂怎樣從最深的睡眠，從那漫長和無夢的深夜中喚醒自己。要理解祂自己，就必須在

無限且徒勞的倒退中站在　自己之下。這是一種荒謬且
自我挫敗的扭曲！祂喜歡對自己保持絕對的神秘———一
個永遠掌握自己一切的神會遭受永恒的無聊。這種神聖
的無知并不是他本性的缺陷。恰恰相反：這正是祂永遠
對自己充滿狂喜敬畏的原因，超越一切衡量。這也是祂
遠超人類的謙卑，祂在面對自己難以言喻的宏偉時的顫
抖，祂在凝視自己無底深淵時的眩暈的原因。（祇有我
們自滿的人類才自負地認爲存在是我們的自然權利，認
爲它是理所當然的，就像我們每天早餐時都能享用它一
樣！）最後，當我們可笑的自命不凡逐漸消失時，那不
單是我們崇拜祂的終極理由，也是無限信靠和樂觀的終
極理由。在這開始和唯一的奇迹後，還可以排除什麼奇
迹？對實現了那不可能的那一位來说，一切都是可能
的。有偉大的知識———也就是知道和不知道怎樣存
在———的那一位并不是笨蛋。祂的世界沒有出錯。一切
都很好。

（iii）我現在已經三十出頭，已經"失去了我的
頭"。因此，我童年和少年對存在的驚嘆開始有新的面
向。對聖十字若望（St. John of the Cross）那明净和富啓
發性的話，我懷着喜悦跟蹌，他説："最完美地認識上

帝的人最清楚地看到　是完全無法理解的。"這引致那個驚人的思想：證實我們對祂的知識（作爲完全無法理解），令它成爲真知識的，是那實際上是　對自己的知識，在我們裏面繼續。因爲不是身爲這些細小、模糊、有頭、太人性的受造物，令自我創造的奇妙使我們目瞪口呆，將我們擊倒，而是那位自我創造主自己。（不：我們不是沉溺在宏偉的幻想中！相反，我們將所有個人神性的宣稱都拒斥爲荒謬。真正的傲慢，真正的褻瀆是假裝這人類本身可以爬到令人頭暈目眩的高度，在那裏可以看到上帝——且不提那潛藏的僞裝，認爲這人的"存在"在本身的層面，除了那存在的一位外有任何本身的存有。）那了不起的事實（同時無限地褒揚又無限地貶抑）是我們對　的成就那驚訝的喜悅并不少於　自己那驚訝的喜悅——那真實的，而且不是它的反射，或者甚至參與其中。在這個層面，還有什麼其他的人讓祂與他們分享？

（iv）最後，突然間，那至高的（而且終於是完美地明顯）真理讓我終於明白。自我創造并非由別人在很久以前，從遠處，一次過地實現，不可能的壯舉；而是在此時此地進行的！那不可能性是持續、不能窮盡、一直存在的。在這裏，在這個受鄙視，他們告訴我是細小、被忽略的地方，應該塞了一個頭，在這裏，自我創造這整個極其鋪張的戲劇，在這一刻，以它所有原始的奇妙，彷彿第一次展現（略去彷彿）！就在此時此地，這令人興奮的奧秘——這"我是！"的呼喊——是我的呼喊，是——我的奧秘，是我的自我。我要考慮這事。就在此時此地，我再不能逃避我對存在性本身的責任——更不要説對存在的一切的責任。

如果在我宇宙的中心曾經有一個斑點——一個細小、緊密地包裝、非常個人的滿箱神經物質和過程——假設這樣微不足道的東西可以有意義地包含宇宙和它的源頭和存有的整個奧秘，是多麼瘋狂！幸好我感知——我可以説這無頭的地方本身感知——作爲絕對整齊和無限地擴展的意識，它十分理想地適合那巨大的任務。那是它恰當的事務。還有，我可以肯定，這同一個最刻薄又最偉大，最私人又最不私人，最近和最爲人所知，但又最不爲人所知的地方，打包了多出很多——不可估量地多——的驚訝，不可思議的奇妙。誰會想到祇是失去一個頭，會表示得到這樣一個寶庫？

不過，這潛力本身的豐富，這阿拉丁洞穴的無限資源，可以成爲挫敗的原因，因爲那焦慮的感覺，畢竟令我們永遠被判定繼續作爲尋求者——永遠都不能够得到一切，總是錯失一些重要的東西，總是在那啓示的邊緣。但這焦慮祇在我們看不見那洞穴本身，看不見那麼豐富的，看不見那透明的源頭和容器，以及看不見實際上是所有體認的終結，我們真正和永恒以及没有本性的本性時才會出現。它們是出生；它是未出生。它們來又去，增加又減少；它永不改變。它們由思想和感覺組成；它没有思想或感覺。甚至不是這些體認中最崇高的，甚至不是自我創造的至高的奇迹，[8] 是在它是真實的意義上真實的，没有什麼是供把握或抓着的。但每一個在它浮現時都要以尊敬相待，視爲帶有它源頭的權威，完全適合它的時間和場合。

事實上，我們還遠未達到那些標志着無頭之道階段的偉大領悟的終點。我們在這條道路上還有很長的路要

[8.] 《埃及人的福音》（The Gospel of the Egyptians）提到"自生的完美者，你不在我之外"，《三重論》（Tripartite Tractate）提到不可言喻的那一位"他知道自己是什麼，即他是值得自己欽佩、榮耀、尊敬和贊美的，因爲他創造了自己"。這些段落的諾斯替作者生活在公元2–3世紀左右。1657年，天主教徒安吉鲁斯·西利修斯描繪了上帝"向自己彎腰鞠躬"。他是奇妙的，因爲"他意願他所是，并且是他所意願的，無始無終，無因無果"。

走。而且，這條路將變得越來越艱難。一個巨大的障礙
正在逼近⋯⋯

（7）障礙

無論在這條道路的第（5）和第（6）階段的發現多
麼具革命性，或者它們開始證明對生活多麼寶貴，最終
它們仍然令旅人非常不滿足。還有痛楚，有一種不明確
的渴望。即使有這些頗為真實的靈性"進步"，仍然有
一個非常重要的地區未到訪，或者至少未得到充分探
索。那是一個黑暗和危險的國度，居住了怪物，而且不
能繞過。那是意志的地區。在這裏，在所有這些明亮的
事情以外和以下，未重生的自我仍然在運作，可能比任
何時候都更激烈地努力工作。因此，我們來到旅程的第
（7）階段，這裏更像一個死胡同或不能通過的障礙，而
不是它的真面目——旅程中真正有考驗的階段，痛苦但
卻是必須的。

這是一個令人失望甚至可能相當毀滅性的發現，一
個人對這裏的"無"的完全清晰和幾乎習慣性的洞察
（伴隨着我們之前注意到的所有那些令人鼓舞的發展）
可以與對這裏一個巨大的"有"的盲視并存——即一個

人的個人和分離的意志或自我。就好像一個人的眼睛
（感知）和頭腦（思維）已經打開并充滿了光明，而一
個人的心和内臟仍然至少部分關閉和黑暗。就好像一個
人半屈服——上半部分完全屈服，而下半部分可能像瘋
了一樣抗議。某程度來说，整個人格那些“較高”和更
有意識的區域變得與“低等”和意識較低的層面不
和——并從那些層面分開。（在這方面，個人的情況可
能比那“未開悟”的人更糟，那人在所有層面都委身于
他虛構的物性，因此避過了嚴重的内在二分。）結果
是：越來越強，而且原因不明的壓力，也許是嚴重的抑
鬱，感到個人毫無價值和無用。一個可怕的思想纏繞着
個人：所有那些靈性“進展”，所有那些引致這障礙的
努力，是不是浪費時間，甚至是欺騙性的？

我們可以有各種反應。深感沮喪時，我們可以回
頭，帶着這種簡單的觀察之道并非如此直截了當且比預
期更爲艱難的悲傷感覺：于是我們離開艱難的沙漠小
徑，嘗試其他更好鋪設、更受歡迎和更具風景的高速公
路，或許還會預訂其中一個提供的衆多靈性導游。這種
反應既常見又可以理解。

較少見的反應是在這一點上停下來，并利用、甚至

培養已經伴隨内視或無頭狀態而來的特殊力量或神通，將它們應用于有限的（盡管不總是狹隘的個人）目的——這些目的，無論多麽合理甚至高尚，實際上都是由分離的自我設定的。（實際上，没有任何自我之旅能與靈性自我之旅相比！據説撒旦是所有天使中最有智慧的：他唯一缺乏的靈性卓越是謙卑、自我放弃。無疑這祇是一個具有深刻意義的神話；然而，我們所有人内心的自我都足够邪惡，并且能够進行無盡的曲折。）例如，今天和過去一樣，各種有天賦的靈性修行者、奇迹制造者和魔術師、大規模邪教的領導者，他們尋求（有時是暫時的驚人成功）利用他們與真實自我的聯系，以促進他們不是真實自我的東西——即他們的虚假自我、他們的有限目標、他們對他人的控制，簡而言之，他們的自我。[9]最糟糕的情況下，這是通向靈性自殺的道路。最好的情況下，這是一個誘人的旁路，暫時轉移了不止

---

[9] 這種領導者的標志是，他不是堅持讓他的追隨者尋找他們内心的資源，并相應地對他們的生活負責，而是鼓勵他們依賴他。他可能會解釋説，交給他這個外在的導師是交給内在導師、他們真實自我的第一步；但實際上，這第二步——需要徹底轉變——隨着幾個月和幾年的不斷奉獻，可能會變得越來越難以邁出。另一方面，如果導師真的希望他的弟子盡快擺脱他，轉向他們自己的自給自足，他有辦法幫助他們做到這一點——結果是他們的愛和感激祇能加深。

少數旅行者的注意力。

　　真正的路綫在于直接走進，并最終穿過障礙，我們西方的傳統稱那些障礙爲靈魂的黑夜。關于它，伊夫林·恩德曉（Evelyn Underhill）（一位專家）寫道："自我在第一次净化中清潔了感知的鏡；因此，在它照亮的生命，它看見過現實…現在，它需要成爲現實：這是十分不同的事。爲此，需要有一次新和更激烈的净化——不是净化感知的器官，而是净化自我的神壇：那個'心'，也就是人格的所在，它的愛和意志的源頭。"在某種意義上，這是真正的道路的開始，是真正的靈性生活，它無非就是自我放弃、自我抛弃，實際上是支持發生在自己身上的一切，作爲分離和虛幻的自我（我是某個人）而死去，并作爲唯一真正無我的自我（我是）重生。可以說，到目前爲止的所有靈性"進步"祇是爲此做準備，這是道路的本質，也是最艱難的階段，最終導致突破。

（8）突破

　　這等于是深刻地宣告意圖。它是在直覺層面（可以這麽說）明白個人最深的渴望是一切都會如它們所是——看見一切都從個人的真本性，這裏那個意識空間中流出。

這突破實際上怎樣造成？個人可以做什麼將它拉近？

從某種意義上説，什麼都没有。這不是一種作爲，而是一種解除，是放弃，是放弃認爲這裏有任何人可以放弃的錯誤信念。還能做什麼呢？畢竟，一個人的最初内視——無論多麼"短暫"和"淺顯"——已經是完全的自我放弃：這裏的一切都消失了：或者更確切地説，很明顯這裏没有什麼可以消失。這是從以自我爲中心的虛構到零中心事實的本質飛躍。可以肯定的是，自那以後每天忠實的觀察——已經看到自己是無和一切——是發現自己在最深層次上已經願意成爲"無"和一切的最有價值的準備。那麼，生活本身——如果我們願意學習它那無比智慧但常常令人痛苦的教訓——總是在證明，獲得我們獨立和個人的目標祇會帶來最短暫的滿足，之後是幻滅和無聊，甚至是厭惡；而每當我們有恩典對我們的環境説"是！"，并積極地行使意願（而不是被動地默許）發生的一切時，就會涌現出那種真正持久的喜悦，東方傳統稱之爲"極樂"（ananda）。

那麼，這突破是超越那明顯，進展到不明顯的；超越那普通，進展到不尋常的；超越那世俗和不言而喻，進展到深奧、密契、深深地隱藏的屬靈事物嗎？我們是否已經結束對指南針的使用——也就是好像孩童一樣信任被給予的——它在我們漫長的旅程中引導我們到這裏？幾乎相反。障礙的這邊有普通的家園，明顯的國度，那什麼是這樣。在另一邊，在突破前，我們的欲望多麼嚴重地弄暗、扭曲和隱藏要讓人看見的，而我們的依附——我們的愛和我們的恨——獲準入侵，模糊我們中心的清晰，令我們看不見那真實！我們往往祗看見我們想看見的，而我們的意圖大肆破壞我們的注意力！（兩個一廂情願的幻覺的例子：我那麼迫切需要追得上我周圍那些完全的人，以致數十年以來我都"看見"在這個軀幹上有一個頭；很大程度上由于同一原因，十七世紀的顯微鏡師"看見"并繪畫人類的精子作爲微細和拉長了的人類！）在障礙的那邊，我們的任性侵蝕那明顯的：在這邊，那明顯的侵蝕我們的任性。那障礙就是我們的任性或自我累積的防衛-努力，它最强大但又是絕望地對抗不可避免的事實的持續攻擊；克服它的越來越是同樣的現實性，同樣對是這樣的感激的崇敬——對那清楚地給出的，對那非常明顯的——帶我們一直去到那

障礙。用我們西方傳統的話來說，我們的突破是我們無
條件并不斷更新地降伏于上帝的意志，是完美地在我們
的環境中顯明的——我們清楚地看到上帝的旨意在我們
周圍和我們内心的所有正在發生的事情中顯現。祇要祂
的意志成爲我們的意志，我們就會看到他的世界本來的
樣子；祇要我們看到它本來的樣子，我們的意志就會成
爲他的意志，我們從心底歡迎這個世界帶給我們的一
切。簡而言之，我們的觀察和意願融合在一起——當然
不是一勞永逸的，而是隨着生命的每一刻。

爲了進一步了解我們所見與我們所願的結合，讓我
們回到之前引用的佛陀的一段講道："涅槃在此生中可
見，邀請、吸引、對智慧的弟子可及。"這個如此可見
的涅 究竟是什麼？在同一篇講道中，它被描述爲"和
平，至高無上……欲望的終結，轉離渴望。"在這裏，
分裂終于愈合；没有傷口將清晰可見的'無'與現在深
深感受到的"無"——即意志的無條件投降——分開。
或者，重復佛陀的話，就是欲望的終結。

如果我們可以談及高峰經驗，這（正如佛陀向我們
保證）是它們中最高的，以及它與低谷經驗中最低的不
可分開。反轉過來讀，深度就是高度；無限貶低就是無

限提升；完全自我損失就是完全自我滿足。最終，這就是你怎樣走你的路，藉着停止所有虛飾，并成爲你自己。天主教那位降伏的偉大權威——高薩德（Jean-Pierre de Caussade）——寫道："如果你放弃所有的約束，將你的願望發揮到極限，敞開心扉，無時無刻你都會發現你可能渴望的一切。此刻擁有超乎你想象的無限財富。"

作爲平衡——而且在風格上完全成爲對比，但在實質上等同——這裏有一個禪宗的故事。某個大師有一個很有天分的弟子，大師決定將弟子派去見一位偉大的教師，他會爲弟子的訓練加上最後一筆，指出走向禪的高峰經驗的路。令弟子驚訝的是，這最好的教師原來是一個貧窮而且病得頗重的老婦人，他從她那裏不能得到什麼教導。不過，她最終確實揭示了一切。那就是："我沒有任何埋怨！"

這清醒的杰作——好像高薩德充滿熱誠的傾出——是關于祝福，一直頗爲簡單地隱藏于我們的看見的終極喜樂（有明智和蒙福的純真），在這裏我們沒有頭，完全沒有任何東西。我們走了多長的路，才找到財寶中的財寶，是我們一直都帶在身邊的。

總結和結論

這種方式將無頭狀態——即看到虛無——置于靈性生活的起點。從一開始，它就是'真正的看見，永恒的看見'，在我們前行的過程中不會被取代、改進或改變。它是照亮道路各個階段的探索但仁慈的光。它是實現願望的寶石，是被給予的——同時被鄙視和恐懼——最終被發現，它充滿愛意地給予我們所想要的一切。或者，它是支撐宗教多層結構的基石，這種結構總是在建造中，總是變得危險地不平衡——全是心或全是頭，禁欲或感官，超凡脱俗或深陷政治等等——在我們站在那基石上之前，我們都有點失去平衡，我們搖晃，我們在極端之間搖擺。但再一次（因爲關于這的隱喻是没有窮盡的），那是生命的糧，雖然無味，但却真正有營養，而且支持那些美食——靈性和密契的喜悦——是有時散布在它上面的。快樂地，我們的儲藏室雖然往往缺少這些我們飲食中更開胃的補充劑，但却從不會缺少生命的支柱。

話雖如此，我們必須趕緊重復一下，僅憑自身而没有持續的實踐和深刻的理解，尤其是没有放弃分離的個人意志，我們最初的無頭體驗仍然是無效的。我們可以說，這種短暫的啓示（盡管可能被濫用）本身從未對任何人造成傷害，它確實打開了通向永恒的短暫窗口，并且（鉸鏈現在鬆動了）這個窗口隨時可能在上帝的風中大開，最終保持敞開。我們是什麽可以被信任，在正午的清新、温暖和光輝中，在熾熱的顯而易見中，恰如其分地顯現。

/ONHAVING NO HEAD
後記

讓我們假設你想繼續走這條路。這樣，你可能會提出這樣的問題：我要從這裏走到哪裏？我要向誰尋求進一步的引導和鼓勵？我可以加入什麼支持小組？

與大部分其他靈性運動一樣活生生和獨特的靈性運動相比，無頭之道明顯缺乏組織。它和接受它的人相似，也就是它也是無頭的—意思是它沒有主持的權威人物，沒有管理委員會或總部，沒有職員照顧有記錄和付費的會員制，那些會員定期聚集，并嘗試跟從某些指引。

這樣沒有架構的原因不是由于不冷不熱，或者不願意傳播這本書講述的經驗。剛好相反。它源自那經驗本身的本質—作爲終極的自力更生。或者更詳細地說，從那四重發現，真正要活出的道路是向裏面看，看誰在這樣做，祇有你可以看見這個"誰"，這去看確立你成爲關于最重要的事情的權威，相應地你的道路不會配合某些由上面，或者由這本書或其他書，其他人或系統設定的固定模式。例如：雖然這裏描述的八個階段沒有一個可以繞過，你可能會發現你以不同的次序應付較後的階段，而且肯定會以十分個人的方式進行。

　　從外部來看，一群自稱無頭的角色在做他們的事情，他們明顯的無政府狀態既是一個巨大的劣勢（因爲組織是啓動事情所必需的），也是某種優勢（因爲組織會產生問題，這些問題會掩蓋——如果不是破壞——它們成立的初衷）。然而，從內部來看，這種世俗的智慧不再適用：我們關心的不是事物，而是它們來自的無物，是那種無法定義的東西，它使所有試圖將其映射并做成某物的計劃變得荒謬。爲什麼要建立一個團體或派別——這立刻將人類分爲我們這些開明的內部人士和那些被蒙蔽的外部人士——一個派別（如果你願意的話！），其明確的目標是表明沒有這樣的分裂，本質上他們就是我們，我們已經完全開悟了？事實是，無頭之道根本不是一種方式，不是到達某個地方的手段。人們心中可能渴望的一切，從一開始就已經免費給予了。這使它與那些分階段進行的學科和課程顯著不同，那些課程承諾某天會交付真正的成果：與此同時，必須有這個機構來制定規則并管理整個事務。無論如何，誰會加入一個組織并支付大筆費用，衹爲了在充分訓練後得到他已經擁有的東西，滿滿當當，壓緊搖實，溢出來呢？

我們的首要目標——即洞察并從空無中生活——必然是抗拒組織的。對于所有其他目的，我們仍然可以自由加入任何我們喜歡的組織。這意味着，由于我們没有自己的"教會"，我們對其他人構成的挑戰最小，并且希望能够更好地向他們學習并爲他們做出貢獻。事實上，我們的一些"無頭"朋友發現，加入一些既定的宗教或準宗教團體是有幫助的。但無頭者仍然是唯一的一個，視自己爲獨一無二，并面對其孤獨。在這個層面上，没有其他人。

盡管如此——現在降到存在他人的層面——獨自保持這種見解、獨自前行的困難幾乎無法誇大。對于我們大多數人來説，這是一場最勇敢和最苛刻的冒險，同行冒險者的陪伴是不可或缺的。因此，如果我們鼓勵人們將這本書的信息銘記于心，却未能提供與這種事業的性質相符的持續支持，那將是不現實的——更糟的是，不負責任和冷漠的。事實上，對于那些致力于繼續前行的讀者，我們確實有很多可以提供的幫助：

首先，有充滿愛意的朋友，一個鬆散、分散、完全非正式的先知網絡，他們利用一切可用的手段保持聯系。其次，網站 www.headless.org 提供了一些幫助。第三，除了世界上大量珍貴的（且越來越多的）神秘文學——神秘的意義在于它指向我們的真實身份——作者還提供了一些書籍和其他輔助材料。第四也是最後，如果仍然難以找到無頭的朋友，可能也不難結交。盡管有各種阻力，這種狀態是具有感染力和獨特傳播性的。無論如何，保持這種狀態的最好方法之一就是傳遞它。

但最終，所有這些考慮和設計都是相當邊緣的。因爲我們并不是作爲人類——作爲許多獨立的個體互相幫助看清他們真正是誰——而獲得這種視野的，而是（用《奧義書》的話來說）作爲“所有生物中的唯一觀察者”。自我觀察確實是唯一者的特權和專長，最終，我們所有有組織或無序的努力來幫助這種觀察都是相當滑稽的。

那麼，重申我們最初的問題：我們現在該去哪裏？答案是：無處可去。讓我們堅定地留在這裏，看到并成爲顯而易見的這一切，并承擔後果。結果會是好的。